股权心法

宋俊生◎著

电子工业出版社
Publishing House of Electronics Industry
北京·BEIJING

内容简介

股权是一家公司的核心资产。而股权的顶层设计则是决定一家公司能否长期稳定发展的基石。

本书聚焦股权架构，以股权架构顶层设计、股权架构模式解码和股权架构重组规划等内容对股权架构进行拆解，目的是帮助读者从认识股权架构开始，逐步进行股权架构设计和公司治理，并规避常见的风险与陷阱。本书作者拥有丰富的律师执业经历，常年为北京大学、清华大学、浙江大学、上海交通大学等高校总裁班讲授股权课程，在互联网上拥有百万名粉丝，深得广大学员、网友的赞誉。因此，本书内容兼具课程的专业性和系统性，具有很强的实践性，并且易于阅读、理解。

本书适合创业者了解如何与人合伙开公司，也适合公司股东学习如何搭建股权架构、增加公司控制权、在资本和税收上的股权规划，还适合企业高管学习掌握"三会一层"的管理权限、企业管理的法律风险防控。另外，本书也适合法律、财务、税务、股权咨询等专业人士掌握为客户提供股权服务时的理论体系和实践操作。

未经许可，不得以任何方式复制或抄袭本书之部分或全部内容。
版权所有，侵权必究。

图书在版编目（CIP）数据

股权心法 / 宋俊生著. -- 北京：电子工业出版社，2025.1. -- ISBN 978-7-121-49062-0

Ⅰ．F271.2

中国国家版本馆 CIP 数据核字第 2024NN9407 号

责任编辑：张彦红
文字编辑：李利健
印　　刷：天津千鹤文化传播有限公司
装　　订：天津千鹤文化传播有限公司
出版发行：电子工业出版社
　　　　　北京市海淀区万寿路 173 信箱　　邮编：100036
开　　本：880×1230　1/32　印张：7.75　字数：210 千字　彩插：1
版　　次：2025 年 1 月第 1 版
印　　次：2025 年 6 月第 9 次印刷
定　　价：69.00 元

凡所购买电子工业出版社图书有缺损问题，请向购买书店调换。若书店售缺，请与本社发行部联系，联系及邮购电话：（010）88254888，88258888。
质量投诉请发邮件至 zlts@phei.com.cn，盗版侵权举报请发邮件至 dbqq@phei.com.cn。
本书咨询联系方式：faq@phei.com.cn。

自序

我从27岁开始为很多高校的总裁班讲授关于股权与公司治理的课程，这些学校的负责人在看到我的身份证号时都感到非常惊讶，甚至担心我在课堂上驾驭不了那些"百战归来再读书"的企业家。讲授几次课程后，我在圈子里就被传开了——这位老师讲股权的知识结构和授课风格与别人不一样。再后来，我的课程基本上提前一年被预订完了。

很多商学院都非常重视股权的课程，因为股权是企业和企业家的"刚需"，不管是初创的小微公司还是高速发展中的公司，甚至准备上市的大型股份公司，都离不开股权，股权贯穿企业发展的始终。其他营销、财务、品牌等板块，老板可以派公司高管来学，唯独股权和公司治理是"帝王术"，必须由老板亲自学。市面上讲股权的老师有"江湖派"和"学院派"之分。"江湖派"的老师有个特点，就是课上不讲完（专业术语叫"带钩子""埋扣子"），让学员去报名后续课程或者请他做咨询项目。"学院派"老师也有个特点，就是下课后提着包就走，担心学员问实践操作的问题自己答不上来。其实这两种派别都在讲"干货"，只是时代变了，企业家对知识的需求变了，原来学习是"充电""镀金"，现在是希望在课上解决实际问题，从"学有所得"到"学以致用"。

一、"三方式"逻辑体系，从"学有所得"到"学以致用"

有人总结了我讲股权知识结构的特点。

在框架上采用"三方式"逻辑体系，即先讲"方向"，再讲"方法"，最后给出落地"方案"。比如，在讲股权控制权时，先讲"方向"，即小股东如何控制公司，再讲小股东控制公司的"方法"。为什么要讲这么多"方法"？因为每家公司的具体情况不一样，企业家要找到最适合自己公司的方法。比如，大部分人在讲股权控制权时都会讲到签署"一致行动人协议"方法，但往往只停留在概念和方法论上，"学有所得"却无法落地。"一致行动人协议"需要哪些事项保持一致、具体应该如何写等都是落地阶段需要解决的问题。所以本书讲完"方法"后就会讲执行的"方案"，比如股权激励要落地，就需要估值机制、考核机制、分配机制、退出机制，只有掌握了这些具体的方案，才有可能"学以致用"。

二、跨学科式知识结构，复方式解决思维

讲股权之前要先精通法律，因为股权是依托于《中华人民共和国公司法》《中华人民共和国合伙企业法》《中华人民共和国证券法》等一系列法律法规的，需要通过制定法律文件和企业内部规章制度来保障落实。所以，在本书中你将会看到：身份证持股和营业执照持股在法律上的风险；夫妻共同持股在法律上的责任和权益划分；朋友之间合伙开公司时，哪些合伙内容可以写入公司章程"约法三章"。法律是股权的根本，抛开法律讲股权就是空中楼阁。

仅仅精通法律还不够，我这些年一直致力于打通股权中的法律和财税的工作。对于之前的股权架构设计，大家通常从法律的角度

判断，比如，通过股权架构设计搭建平台来增加股权控制权杠杆，但在实务操作中，很多企业家学完股权知识后，在做股改或股权架构调整等股权变更登记时，涉及增资扩股、股权转让等实操，需要再咨询税务专业人士的意见，往往因为股权变更涉及税费过高，股权架构调整方案被税务专业人士否决而不得已放弃了架构调整，甚至有的企业家学完课程后就去做股权调整，结果很快就会被税务机关要求补缴大额税费和罚款。我在课程分享中开始加入了身份证持股和营业执照持股在分红税费上的对比分析，以及不同股权变更的税费计算分析等。本书也是致力于把法律和财税融合在股权中，融会贯通，方得其法。

实际上，法律和财税都属于"术"的层面，如果仅仅依靠这些"术"来管理企业，则视野受限，难以触及根本。股权管理的核心在于理解"资本"的概念。许多企业家精通管理、生产和市场，但对股权和资本的认识往往较为有限。精通管理、生产和市场能够让企业实现盈利，而深刻理解股权和资本则能使企业获得更高的价值认可。因此，要深入讲解股权，必须具备资本思维，以及投融资和上市辅导的实际操作经验。例如，本书将详细介绍股权融资的风险、股权估值的计算方法、如何正确对赌等知识。不要认为资本运作离普通企业十分遥远，即便你经营的是一家餐厅，当初投入300万元，现在每年净利润达到200万元，如果有朋友打算投资你100万元，这100万元应该占公司多少股权？如何进行估值？应选择何种交易结构？需要准备哪些配套法律文件？这些问题同样涉及股权融资，所需要掌握的股权和资本基础知识是一致的。

因此，我们应该认识到，股权是一门综合性的学科，涵盖了法律、财税、管理、人力资源、商业模式和资本等多个领域的基础知识。这就像中药中的复方，单凭精通和应用某一方面的知识无法解决问题，你需要跨学科综合运用多种知识，并熟练掌握这些知识在实际应用中的相互关系和作用，才能成为真正的专家。

三、实践性和可读性

律师是一个让人感受到幸福的职业，他们见证了无数个体与群体的兴衰成败、爱恨情仇，同时也目睹了人间的疾苦和发展的艰难，因此更加感受到了肩上的责任重大。虽然人生的长度是有限的，但律师人生的宽度却是无限的。许多人在一生中都难以遇到一次的事情，律师却在每年都会经历无数次，无论喜悦还是悲伤。"一个案子就像一座山，一个项目就像一条河"，每当签订委托合同时，我们就开始体验着委托人与众不同的人生，跨越重重障碍。

我们律师团队名为"宋非讼"，成立十几年来专注于股权类非诉讼业务，本书凝聚了我们团队这十几年来上千份股权实战案例的精华。因此，很多人会发现书中的内容正是他们的企业曾经经历过的，离他们如此之近。同时，也会发现他们遇到的问题早已被他人解决，甚至有些企业家早已采用各种奇妙的方法成功应对。很多时候我只是在搬运知识，将这些年遇到的实践问题及其解决方案运用自己的专业知识进行归纳总结，形成知识体系，告诉那些正在面临或还未遇到这些问题的企业家和企业管理者。

老师是一个崇高的职业，作为律师，每个项目只能帮助一个企业；而作为老师，我可以在高校课堂上向40位企业家传授知识，在商业论坛上与上千位企业管理者分享，在网络上则可以惠及数以

自序

万计的求知者。然而,讲课不仅是一项技术,更是一门艺术。你会发现同样的内容由不同的人讲述,效果截然不同:有的人让你昏昏欲睡,有的人则让你如痴如醉。

本书的核心内容是我这些年讲课的精华,它并不旨在普及法律知识或列举法条,而是希望通过趣味性引导企业家们能够耐心读完。书中的每一个故事都是独立的,确保读者在读完一章后,可以暂时放下本书,等处理完自己的事务,回来再继续阅读时,基本不会受到影响。可读性是本书追求的基础目标,因为如果内容缺乏吸引力,即使再有价值,也很可能被读者简单翻阅后束之高阁。

四、还至本处与到达彼岸

十年前,我从未想过自己会与"网红"这个词联系在一起。我一直专心致志地从事股权非诉项目,诚恳地在各个总裁班授课,没想到有人将我的股权课程上传到网络上,以至于我在机场行走时都会被人认出。是的,我是新媒体短视频的受益者。然而,在收获几百万名粉丝的同时,我更加意识到大家对股权知识的需求和渴望。

这一切来得如此迅速,常常让我感到惶恐,自知水平有限、能力不足。因此,我不断提醒自己要保持初心、回归本质。我很幸运,时代给了我机遇,但也在深思,每个人来到这个世界,都肩负着责任,如同"荷担如来"。如果你为一个家庭操心,你是家长;如果你为一个城市忧虑,你是市长。那些致力于"改变世界"的人,他们是"乔布斯"。

你会发现,你成为什么样的人,不取决于你为自己获得了什么,而是取决于你为别人带来了什么。因此，我一直想将自己的知识、课程和实践经验整合成一本既专业又易读的书，希望能够切实帮助企业解决股权问题。尽管自知书中难免存在不足和错误，毕竟是一家之言，不同的观点才能促进百花齐放，但我仍然希望书中能有一种思想、一个方法、一套工具，能够在企业经营过程中，帮助读者少走一段弯路，多避开一个坑，带来思维上的变化和提升。

佛法认为：七宝布施不如为人解说，最大的布施是"法布施"。基于此，我写了这本书《股权心法》。

真正的"心法"是讲给那些有责任感和担当精神的"大乘者"听的，启发他们发大乘心，度更多的人。企业家和企业管理者往往是肩负重任的"荷担者"，只有学会把股权分出去，人才和资源才能融入进来，企业这条"船"才能越做越大，带领更多人到达"彼岸"。承担更多的责任，帮助更多的人，才是人生最有意义的经历。

行胜于言，我将会把本书个人所得稿酬全部捐赠给山区学生。这非不爱财，非成书易，谨希以个人拳拳之心，涓涓之流，沁染诸君殷殷之情，聚沙成塔，携手大爱。

谨以此书祝愿各位读者在新的旅程中，都能"用大智慧找到初心，到达快乐的彼岸"。

2024 年 7 月 24 日
宋俊生于北京

推荐语

《股权心法》贵在精准地解决了企业股权的关键问题，开创性地处理了初创企业的合伙人股权分配、发展型公司的股权架构搭建、内部员工股权激励、外部股权融资等热点和难点实务问题，内容由浅入深，由术至道。《股权心法》妙在提炼独特的心法，深刻地捕捉了作者作为安博律所管理者的运营感悟，作为讲师的授课体会，作为律师的执业经验，内容由内到外，由此及彼。

中国证券法学会理事、北京市安博律师事务所主任　王守亮

作为利龙集团的创始人，我们经历了60年来"从无到有、从小到大"的发展历程，深切体会到"资本运作"和"股权激励"所发挥的巨大驱动力和激励效果。自2021年以来，宋俊生老师团队凭借深厚的理论基础和丰富的实战经验，为我们集团全面推进资本运作，构建企业可持续发展体系。在实现机制激活、人才激活、业绩激活等方面，企业受益匪浅。我们期待与宋老师团队共同携手，实现"百岁人生，百亿利龙，百年利龙"的奋斗目标。

重庆利龙科技产业（集团）有限公司董事长　张本焱

《股权心法》是一本非常优秀的股权类图书，我作为吉林百瑞生科技发展有限公司的创始人，参与其中，也受益其中，这本书对我和我的企业在经营管理中都起到了强有力的指导作用。因此，强烈推荐阅读本书，期待作者未来还能为读者带来更多的知识。

吉林省百瑞生科技发展有限公司董事长　杨凯

洞悉股权智慧，引领企业未来，我强烈推荐《股权心法》这本书。设计合适的股权架构是公司稳定发展、做强做大的重要手段，这本书理论与实践并重，是每一位企业家和创业者不可或缺的股权管理指南。

上海矽朋微电子有限公司董事长　陈阜东

《股权心法》是一本极具价值的佳作。它深入剖析股权的奥秘，从鲜活的案例到实战策略，内容全面，为创业者与投资者点亮了股权规划之路。简洁易懂的文字使复杂的股权知识不再晦涩。阅读这本书，犹如手握股权布局的精准罗盘，指引企业家在商业海洋里巧妙驾驭股权，乘风破浪，开启成功的商业之旅。

苏州博洋化学股份有限公司董事长　王国洪

我们与宋俊生律师合作多年，他一直是我公司的护航者。他和他的团队始终让我们感到放心、安心、舒心，我们为有这样的朋友感到幸运、幸福。值此《股权心法》出版之际，谨表示热烈祝贺，并坚信这本书将会成为更多企业在前进路上的良师益友。

北京蓝钻文化传媒有限公司董事长　潘国锋

在疫情期间，我经营的公司（工厂）因政策拆迁面临如何凝聚骨干员工、重置存续，以及如何交班传承的问题。那一阵子，我食不甘味、夜难寝，常常深夜在小区里"溜圈""刷视频"，偶然间"刷"到了宋律师关于股权和公司法的课，越听越有味，越听越感觉这些内容好像就是为我当时的状况准备的。

因此，凭借扎实的法律功底、丰富的法律知识、多年服务企业的实战经验，并且深知企业家群体的需求和痛点，同时拥有多年授课经验的宋律师，倾力之作《股权心法》一定能成为企业家的好友，以及企业家书柜中的必读书籍。

势坤行健（厦门）进出口有限公司创始人　侯建峰

宋俊生先生是我们的良师益友，生命、生活、生意是我们的共同追求，《股权心法》是方法论，更是做企业的顶级设计观。希望更多的企业家朋友都能在安全、长久、共赢的事业上奋斗。

深圳商界引擎咨询管理有限公司创始人　赵辛诺

在新《公司法》的背景下，宋俊生老师的《股权心法》巧妙地融合了法律要点与实操方法，多领域的知识交织其中，为企业股权相关的事务点亮了一盏明灯，诚心推荐本书。

北京奥洁鼎森新能源科技有限公司董事长　曹德森

在宋老师的股权设计进入企业后，我们对股权的认知有了更落地的方法论。《股权心法》这本书就像是一把穿透企业团队心灵的金钥匙，凝聚了人心，同时也对企业上下游未来深度绑定奠定了基础，明确了长久合作的方向，并从企业发展的角度为企业从公司化、集团化到资本金融化保驾护航。

一花一界（香港）国际大美健康事业集团有限公司董事长　胡伟

宋老师学贯古今，通达法理精髓，妙解股权之道，其课程深入浅出，析繁就简，启迪心智。其为人温润如玉，谦和可亲。今新著将发，必成企业法务领域之瑰宝，惠泽无数英才志士。

训练营学员——Peter

于我而言，宋老师如黑夜里的火炬，照亮我前行。过往的1000个日夜里，伴我入眠的始终是宋老师的持续干货。

学员——高雅男孩-东部先生

宋老师运用语言，把复杂的事情简单化，使之规律化，把文言文变成白话文。令人好奇的是，宋老师的思维是如何形成的，能够化繁为简地把公司治理相关的内容讲得明明白白。推荐公司老板和中高层管理人员都来听宋老师的课。

学员——南安市安泰矿业发展有限公司 张景岩

宋师授道，股权精妙。字字珠玑，拨云见晓。激励人心，设计为核。顶层谋略，企业腾跃。实战为王，智慧如潮。课程难忘，受益丰饶。感恩师恩，点亮心灯。股权之道，铭记于心！

学员——海南隐石投资有限公司 王宝利

宋俊生老师拥有丰富的法学背景和实战经验，其课程不仅停留在理论层面，更注重实操和落地。通过案例分析和实操演练，学员们能够掌握股权设计的核心技能。宋老师以幽默风趣的授课风格，将复杂的股权问题讲解得浅显易懂，深受大家喜爱。听完课程后，我的股权管理能力和企业治理能力得到了显著提升。无论是对于企业家、管理者还是股权投资者来说，这门课程都具有重要的指导意义和实践价值。

学员——深探索（北京）科技有限公司 黄波

对于爱钻研细节的我来说，我认为万事都有其内在的规则和底层逻辑，哪怕是法律在新时代企业中的应用也是如此。宋老师通过逻辑结构搭建起了一个完整的知识体系，让我受益匪浅，能够学以致用。因此，我很荣幸能与这么优秀的宋老师结缘。

学员——海南煜乾麓科技有限责任公司　王薪树

在纷繁复杂的商业世界中，股权架构设计无疑是企业家们必须面对且至关重要的话题。宋老师以其深厚的专业知识和丰富的实战经验，将股权架构设计的精髓娓娓道来。作为宋老师的优秀学员，我深知这本书的珍贵与实用。它不仅是股权架构设计领域的经典之作，更是每一位企业家和投资者的必备宝典。我相信，只要认真研读这本书，你一定能够从中汲取到无穷的智慧和力量，为自己的事业插上腾飞的翅膀。

学员——浙江中致建材有限公司　许向阳

从开始听宋老师的课到现在已经有三年了。我听过价值9800元的课，去年又听过329元的课。作为一个学机械的人，不用说一般的老板，即使是一般的律师在股权方面的问题，我现在聊起来都能让他们敬我三分。只要宋老师有直播，我一定都会想办法听，因为每次直播都会有新的知识点，而且宋老师对大局势和热点话题的讨论，每次都让我受益匪浅！真诚感谢宋老师及其团队的辛勤付出！

学员——张峰

宋老师的课非常专业且有趣，对我们公司在方向、方法、方案上如何做好股权激励有很大启发。

学员——杨晋

我有幸学习了宋俊生老师的股权激励特训营课程，仿佛踏入了一个充满企业股权智慧的宝库。课程凝聚了宋老师的心血，深度剖析了股权的精髓，从理论到实战，全方位指导企业在股权架构搭建与股权激励方案布局方面的实践，作为学员，我们受益匪浅。这门课程堪称企业运营的股权心法宝典！

训练营学员——深圳市南山区晴晴言语康复服务中心　伍雪玲

我听过宋俊生老师的课两三次，每次都有很大的收获。他才华横溢、博闻广识，讲课生动风趣、深入浅出，尤其是关于企业股权顶层设计和在海外设立家族公司等课程的内容，让人耳目一新、茅塞顿开。强烈推荐！

总裁班学员——深圳市特莱斯光学有限公司 李治

我有幸学习了宋俊生老师的课程。宋老师的授课风格风趣幽默，才华横溢，对股权设计和防火墙的设立有非常专业的见解。此外，宋老师善于引用《易经》中的经典案例来解释复杂的股权知识，让人耳目一新。希望以后还能有机会多听听宋老师的课程，我相信每一次都会有不同的收获。强烈推荐！

总裁班学员——深圳市智联盛亚电子科技有限公司 冯博

股权架构决定了公司的所有权结构，能够对公司战略规划、资本运作、管理决策和市场竞争力产生深远影响。宋老师的这本书以由浅入深的方式，将复杂的多学科知识讲解得浅显易懂。感谢宋老师的辛勤付出。

总裁班学员——锦翰网络科技（广州）有限公司 罗妍艺

宋俊生老师的课程非常实用，能够将复杂的股权设计理论变得简单易懂，大道至简，我从中受益良多。这本书值得所有的民营企业家学习。

资本班学员——深圳市菲浦斯环境科技有限公司 李志斌

推荐序

今天，我要向大家隆重推荐一本名为《股权心法》的图书，这本书由我们博商管理科学研究院优秀的合作老师宋俊生书写而成，他不仅是一位优秀的律师，更是一位风趣幽默、认真负责、专业严谨的学者。

宋老师是一位极具人格魅力的演讲者，他的授课状态总是充满激情，具有很强的感染力。他能够把复杂的问题变得简单易懂，深入浅出地讲解股权法律问题，使人在轻松的课堂氛围中收获知识。《股权心法》正是他将这些优点集于一书的成果。

股权架构设计是企业管理的基石，股权激励是处理企业与员工关系的长久之策。这本书内容涵盖了公司股权顶层设计、股权激励、投融资、"三会一层"治理结构等知识模块，通过运用综合性的知识工具，使其在公司的生产经营中发挥杠杆作用，为读者揭示了公司股权的奥秘。书中不止有适合企业家学习的股权知识，更有对人性、商业和管理的探索，能够帮助大家塑造企业价值观，助力企业成长。

宋老师是一位优秀的股权实战讲师，《股权心法》是一本理论与实践相结合的图书。宋老师在书中运用其独特的幽默感，使原本枯燥的股权知识变得生动有趣,并通过亲身经历的例子,将复杂的法律概念与实际生活相结合,让读者在轻松的阅读过程中掌握股权的核心要义。他的专业知识和实践经验使这本书成为一本宝贵的商业指南,无论你是企业家、投资者、创业者,还是想要拓展眼界的职场人士,都能从中获得很多启示和帮助。

深圳市博商管理科学研究院股份有限公司创始院长　曾任伟

目录

01 股权的"坑",你中招了吗　001
股权法律陷阱　002
小股东"称霸"　004
大股东失控,怎么办　006
股权设计下的四层架构　010
四层架构下如何成立公司　014

02 股权的七条"生命线"　019
股权有七条"生命线"　020
实操:企业家 L 的股权结构调整方案　023

03 经典股权案例分析　031
某知名餐饮企业经典案例分析　032
动态股权设计　034
餐饮企业家 Z 的经典案例分析　044
股权顶层设计实操案例之"花开两枝"　047

04 股权激励　　　　　　　　　　　053

股权激励的目标　　　　　　　　054

股权激励改革的障碍　　　　　　057

股权激励制度的公平性　　　　　　060

股权激励就是一个老板培养出一批小老板　　063

股权激励的三大作用　　　　　　069

股权激励的四大步骤　　　　　　073

设计股权激励方案的七个痛点　　　　080

05 股权激励实操六个步骤　　　　　　083

确定股权激励主体　　　　　　084

设定股权激励价格　　　　　　092

定义股权激励时间表　　　　　　094

选择股权激励工具　　　　　　097

设置股权激励比例　　　　　　099

制定股权激励操作流程　　　　　　109

06 股权经营中的法律风险　　　　　　113

公司治理中的"皇权"与"相权"　　　　114

目录

公司治理是一门妥协与制衡的艺术	117
不同发展阶段的公司治理与"三会一层"	118
公章的重要性	122
法律风险，股权雷区	125
抽逃出资如何让富翁变负翁	127
股东退出机制	136
股权估值是"喊出来"的	141
这个避坑条款很重要	146
公司章程的重要性	149
股权融资	151
中国对赌"第一案"	158

07 总结 — 163
股权的十大机制 — 164

附录 — 169
附录 A 有限合伙《合伙协议》模板 — 170
附录 B 有限公司《公司章程》模板 — 188
附录 C 新《公司法》调整十二大核心点 — 209

01

股权的"坑",
你中招了吗

股权法律陷阱

有人说，赚钱的方法可能藏在以下两本书里。

第一本书叫《中华人民共和国公司法》（以下简称《公司法》，如无特殊说明，本书所有关于《公司法》的内容，均指于2024年7月1日生效的新修订的《中华人民共和国公司法》）。在这本书中介绍了合理合法赚钱的方法，所以你一定要读。我国第一部《公司法》是1993年颁布的，开启了我国的公司股权与企业治理之路。

改革开放以来，我国诞生了很多富豪企业家，可以说，《公司法》在法律上对这些企业家的支持功不可没。

2012年以后，与《公司法》衔接的中国另一部法律的威力开始显现，这部法律叫作《中华人民共和国合伙企业法》（以下简称《合伙企业法》）。

01 股权的"坑",你中招了吗

在过去,一位企业家持有所创立公司百分之八九十的股权是很正常的,但近些年由于股权分散,类似的情况已经不再普遍。如果企业家要想变得更加富裕,就必须先帮助更多的人富起来,国家资源也倾向于那些能够帮助更多人实现富裕的人和企业。

第二本书叫《中华人民共和国证券法》(以下简称《证券法》)。有些人可能会为了100%的利润而不惜冒着生命危险去"赚钱",**但在《证券法》中,能够达到100%利润的事情比比皆是**。如果一家上市公司的市盈率是50倍,你要买这家公司的股票,就意味着这家公司的股票价格已经把未来50年的利润都计算在内了。请问这家公司犯法吗?不犯法,虽然它赚得盆满钵满,但不违反法律。

《公司法》和《证券法》在下文中有重点阐述。现在,我们先聚焦一个问题,那就是"我们为什么要学习股权?"请大家先记住一句话:**全世界几乎所有的企业到最后都只经营一种产品,那就是股权。**

股权可以帮助我们做什么?通过股权可以聚合创始人,对员工做股权激励,对上下游做收益权转让,对同行做城市合伙人,对用户做股权众筹,对投资人做股权融资。所以说,股权是可以把公司所有的利益关联方全都打通的优选工具。关联打通后的公司为什么要上市呢?当然是为了卖股权,通过卖股权,企业可以获得丰厚的回报。

假设你有一家销售鞋子的企业,企业一年的净利润是1000万元。你知道1000万元净利润的企业在资本市场上的估值是多少吗?

在企业上市之前，其估值至少是净利润的 10 倍，也就是 1 亿元。你卖鞋子可能要卖 10 年才能卖出 1 亿元的净利润，但是股权一下子就能卖出 1 亿元。所以说，所有的企业竞争到最后，都是在竞争一种产品——股权。

既然股权如此重要，那么请问大家：你们在股权操作中踩过"坑"吗？笔者的从业经历告诉自己，这可能是企业家心中共同的痛。大家在股权上遇到的"坑"都不少。但最后我们会发现一个问题，所有的"坑"都是自己挖的。接下来，笔者会带着大家一起，把自己挖的"坑"一个一个地"填"上。

小股东"称霸"

大部分企业成立之初，都会优选 51% 对 49% 的股权结构，**从专业的角度来分析，51% 对 49% 实际上是最差的股权结构。** 为什么这么说？

假设一家企业的注册资本是 1000 万元，A 出资 510 万元，B 出资 490 万元。A 和 B 两个人出资完成后，从企业注册的那天开始，B 心里就开始不满。这种不满的原因何在？因为 B 比 A 仅少出资 20 万元，然而这家企业的决策权在谁手中？答案是 A。B 可能会这样想："我只比你少出资 20 万元，为什么企业的大多数决策都由你说了算？"长此以往，B 可能会产生这样的想法："既然我的意

01 股权的"坑",你中招了吗

见不被重视,那我何必投入精力呢?企业交给你来管吧。"

对于A来说,这似乎是一个好消息。

A仅仅多出资20万元,就能在企业拥有决策权。然而,这种开心可能不会持续太久,A心里就会感到不舒服了。为什么?假设这家企业到年底未分配利润为100万元,A分得51万元,B分得49万元。我们回头想一想,像这样一家企业,谁付出更多?显然是A。A一心想把企业做起来,一个人干了好几个人的活,结果到年底,A的付出只换来了比B多2万元的利润。长此以往,A会觉得自己的付出与回报完全不成正比。这时他可能会想:"与其如此拼命干,我还不如出去单独创业。"

所以,这家企业从它注册的那天开始,就决定了B心里不服气,A心里不痛快。请问这样的企业能走多远?

其实,企业的股权结构和股东构成是决定企业未来发展的核心要素。

笔者每年都会参与大量企业的收购和并购工作,也会给很多投资机构、融资机构做顾问。**在评估一家企业是否值得投资时,通常只需查看这家企业的股权结构和股东构成便能大致判断其潜在的发展走向或股权风险。**

大股东失控，怎么办

下面我们来看另一种股权结构，在一家有限公司中，A 占 18%、B 占 17%、C 占 25%、D 占 40%。很显然，D 是这家公司的大股东，但 D 在公司里没有绝对的话语权。

很多时候，D 的意见并不具有决定性，这是因为 A、B 和 C 的持股比例加起来超过了 D。如何确保 D 的话语权？根据《公司法》的规定，重大事项的决议需要三分之二以上表决权的股东同意才能通过，即至少达到 66.67%。因此，D 要完全控制一家公司，至少需要持股约 67%。

假设你是一家公司的大股东，持股 67%，其余四个小股东共同持股 33%，你能否随时召开股东会？答案是：不可以。按照《公司法》和有限公司章程的规定，召开股东会需要提前 15 天通知所有的股东。所以大股东无权随时召开股东会。四个小股东收到通知时，可能会想："我去参加这个股东会时，不管投赞成票还是反对票，其结果都一样，那我去参会还有什么意义呢？干脆不去了。"15 天后，当大股东推开会议室的大门时，发现四个小股东均未出席会议。

请问股东会还能顺利召开吗？若继续召开股东会，是否合法且有效？答案是可以召开，而且是有效的。为什么？因为依据《公司法》规定，有限公司股东会作出的决议只要得到代表过半数表决权的股东通过就可以。大股东持股 67%，显然已超过半数，因此，即使四个小股东不出席股东会，也不影响股东会的合法性和有效性（特

01 股权的"坑",你中招了吗

别提示:此部分内容仅针对有限公司且大股东非利益关联方时的决议事项,特殊利益关联情况及股份公司的规定与此处有所区别)。

一些企业家可能会认为:"既然小股东是否出席会议不影响股东会通过决议,那我是否可以不通知他们开会?"这是不行的,**必须确保其他股东的合法权益也得到保障,因此必须通知所有的股东。股东有权选择不出席,但通知是必不可少的。**即使他们出席会议并反对,也无法改变结果,因为大股东持有67%的股权,这就是所谓的绝对控股。

此外,还有一个重要的比例——51%,即相对控股。《公司法》规定,一般事项仅需要得到过半数表决权的股东同意就能通过。现在我们再看看本例中的股东D,D既没有持到67%的股权,也没有持到51%的股权。因此,虽然他是最大的股东,但在公司中并没有绝对的控制权。有些企业家可能会担忧:"公司刚成立时,我能持有51%或67%的股权,经过几轮融资后,公司最后上市时自己的持股比例严重缩水。"如马云在阿里巴巴持股不足5%,刘强东在京东持股为11.2%,他们持股也没有达到51%或67%,但却能控制整个公司。这是怎么做到的呢?这里存在一个概念性的理解偏差,上文提到的67%也好,51%也好,指的不是股权,而是表决权。

事实上,控制一家公司并不一定需要持有51%或67%的股权,只需要享有公司51%或67%的表决权就足够了。

仍以本节开头的股权比例为例,我们来看股权比例和股权结构在现实中是如何演绎的。

假设在一家有限公司中，A和D是夫妻，D持有的40%的股权加上A持有的18%的股权，那么D在股东会上实际享有的表决权是58%，达到相对控股的条件。

相信你已经发现了，股权并非一定要在自己手里，也可以在一个你信得过的人的手里，比如配偶。但也有人会说，即使是夫妻，也存在不靠谱的可能性，下面举例说明。

一家公司在设立时，丈夫和妻子二人的感情尚未破裂，丈夫占股60%，妻子占股40%，丈夫是公司的控股股东，拥有相对控股权，公司的一般事务都是丈夫说了算。但后来两个人为了孩子考虑，就签了一份协议，各自拿出一部分股权给孩子。之后股权结构变为妻子占股20%，丈夫占股40%，孩子占股40%。

问题出现了，这个时候孩子尚未成年，假设工商变更时孩子登记的法定代理人是妈妈，此时，妻子虽然只有20%的股权，但是她却享有60%的表决权。于是公司在很多时候就是妻子说了算，此时公司的控制权就从丈夫的手里转到了妻子的手里。控制权丧失后，随即丈夫手里的经营管理权也丧失了。

这里举这个例子是为了向大家传达两点信息：**第一，股权没有必要非得在自己手里，也可以在一个信得过的人手里；第二，信得过的人需要自己把握好，随着关系的变化，信任关系也在变化。**

既然夫妻都不一定靠谱，那么有没有办法让夫妻关系更靠谱

01 股权的"坑",你中招了吗

呢?答案是:有,那就是让妻子和丈夫签署一份重要的法律文件——一致行动人协议。该协议的大致意思是:一方在股东会上赞成的事情,另一方就必须赞成;一方反对的,另一方也必须反对。

为什么很多老板在公司发展壮大后却被别人驱逐出局,最终落得人财两空?就是因为他们没有与其他创始股东签署"一致行动人协议"。鉴于"一致行动人协议"的重要性,有些老板就拿着协议去找创始股东,要求签"一致行动人协议"。大家觉得创始股东会签吗?一般情况下不会,因为一旦签署了这份协议,公司的大事小情都得听别人的。

所以,"一致行动人协议"要在公司成立之前签署。无论分配给对方的是技术股、管理股还是资源股,都要先让对方签"一致行动人协议"。也就是说,我可以分享我的利益给你,但不能转让我的权利。这种做法被称为"完全一致"。

如果你(作为大股东或实际控制人)的公司已经成立多年,那么可以与其他股东签订另一种形式的"一致行动人协议",即"部分一致"。可以选出公司未来发展中可能出现的 3~5 件重要事项,针对这些事项与其他股东签"一致行动人协议"。**注意,要重点签订以下三条内容。**

- **在增资扩股时与你保持一致。**

- **在修改公司章程时与你保持一致。**

- **在选举董事时与你保持一致。**

上述三条"一致"内容是不少人用惨痛的教训换来的，在关键时刻真的可以成为救命之策。关于"一致行动人协议"，还有一个小知识点，它也是小股东控制公司的一种有效手段——只要事先达成一致，即使你只有1%的股权，也可以享有51%的表决权，实现"四两拨千斤"的效果。

股权设计下的四层架构

我们来看一种架构，甲公司的股权架构是A占40%、B占30%、C占30%。我们知道，这个股权架构设置是不合理的，这是因为，A虽然是老大，但A说了不算。怎样才能让A说了算呢？前面我们讲过一种方法，叫"一致行动人协议"。下面介绍第二种方法（第三种方法叫"同股不同权"，将在本书后面介绍）。

我们在甲公司上面成立一家乙公司，并把甲公司中A、B的股权卖给乙公司，卖完之后，乙公司持有甲公司70%的股权，A、B在乙公司持股分别为：4/7和3/7。

现在来看，在甲公司，谁说了算？当然是乙公司说了算，因为持有甲公司70%的股权，具有绝对控股权。乙公司又是谁说了算呢？A持有4/7，已经超过51%，具有相对控股权。

01 股权的"坑",你中招了吗

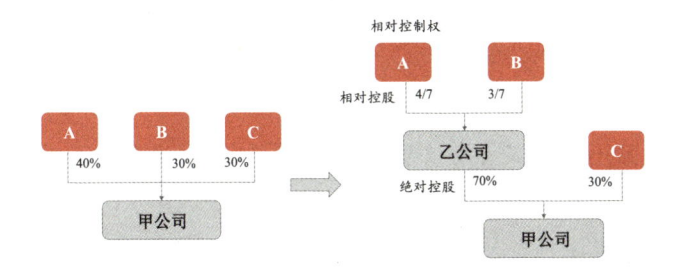

所以,最后甲公司还是 A 说了算。这就是双层公司架构,也就是获得公司控制权的第二种方法。如果 A、B、C 同时在甲公司持股,并且没有上一层架构,那么 A 在甲公司说了就不算。每加一层架构,就等于给自己多加了一根杠杆,小股东要想控制公司,就需要在公司架构上多加几个层级,给自己多加几根杠杆。

我们再来看另一种架构,甲公司有三个股东,A 占 60%、B 占 20%、C 占 20%。这个股权架构其实也是不合理的,虽说有两个 20% 的影响不大,但这家公司目前是 A 说了算,因为 A 具有相对控股权。当公司发展到下一个阶段,需要对外融资时,比如,估值到 1 亿元时,有一个投资人 D 要投 2000 万元,持有公司 20% 的股权。采用什么方式呢?答案是:增资扩股。这就意味着要对股东 A、B、C 的股权进行同比例稀释。稀释后 A 的股权变成了 48%。这说明 A 丧失了对公司的控制权。如果你是 A,你可能不会释放公司 20% 的股权给投资人 D,最多可以释放 16%,这样确保自己仍拥有超过 50% 的控制权,释放的空间很小。

曾经有一些企业家问笔者,说他们公司要融资了,他能释放多少股权给投资人?其实问题的关键不是他能释放多少,而是他们公司能够释放的空间究竟有多少。如果像甲公司这样,连 20% 的股权都释放不了,那么,如何才能给投资人、资源方或者团队更多的股权呢?

答案还是用双层公司架构。在甲公司上面成立一家乙公司,让乙公司持有甲公司 90% 的股权。记住一个原则:创始人团队最好不直接持有主体公司(甲公司)的股权,而是在上层的平台公司(乙公司)持股。甲公司就是主体公司,是未来用于融资和上市的主体。所以,股东 A、B、C 要在乙公司持股,A 持有 60%、B 持有 20%、C 持有 20%。如果甲公司有一天要融资,它能够释放多少股权呢?最多可以让投资人投入多少钱呢?答案是可以释放 44%。释放后,乙公司还持有甲公司 50.4% 的股权,依然具有相对控股权。原来最多连 20% 都释放不了,现在能释放 44%,原因是什么?因为采用了双层公司架构。

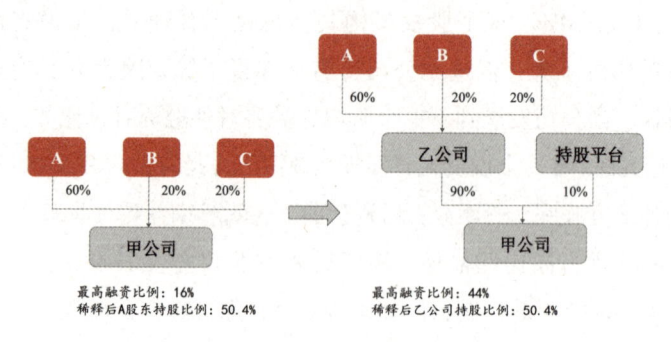

在上面的例子中,为什么乙公司持有甲公司 90% 的股权,而不是 100% 呢?这是因为,新《公司法》出台后,将原来的一人公司法人人格否认制度扩大到了一个股东的公司连带责任。即对于只有一个股东的公司(法人股东或自然人股东),股东如果不能证明公司财产独立于股东自己的财产,则应当对公司债务承担连带责任。

01 股权的"坑",你中招了吗

乙公司如果 100% 持有甲公司的股权,那么甲公司在面临债务时,乙公司需要自证清白。

建议读者记住:当你在做股权架构调整时,尽量不要把股东都安排到实际运营的公司里,建议做双层公司架构,把其上移一层,这样你的股权的可释放空间就扩大了。另外,不建议 A 用身份证去注册乙公司,而是做成家族公司。

通常建议一家公司有三个层级:主体层、平台层、传承层。主体层用来经营发展和融资,平台层作为创始人控制平台,上面是一家家族公司做传承。这是顶层架构,下面还有底层架构——项目层。 把公司拆分成各种项目的子公司,既有做生产的子公司,也有做销售的子公司,还有做研发的子公司。为什么要拆分呢?这与鸡蛋不要放在同一个篮子里是一个道理。即:如果给厂长股权,就放在生产子公司里,如果给销售总监股权,就放在销售子公司里,只有当他们满足一定条件时,才可以在甲公司持股。这就是一家公司的四层架构:项目层、主体层、平台层、传承层。

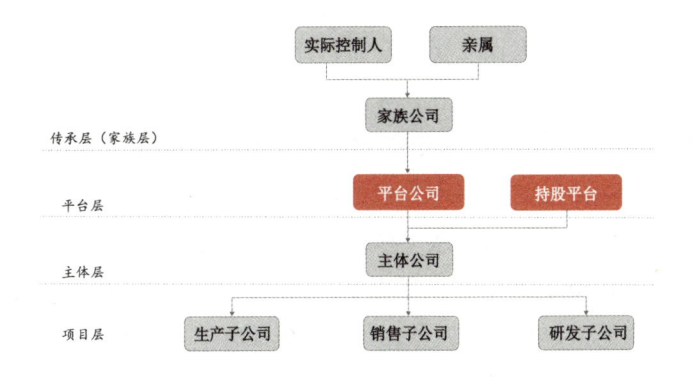

四层架构下如何成立公司

如何成立家族公司

（1）注册地址一般选择海南、香港及其他一线城市。

一般而言，家族公司为新设公司，在注册地的选择上需要根据是否有资金出境需求、未来境外业务发展规划的需要、资产配置国际化需求等来选择。

中共中央、国务院印发《海南自由贸易港建设总体方案》后，其相应的支持政策相继发布，对注册在海南自由贸易港并实质性运营的鼓励类产业企业，减按15%的税率征收企业所得税；对在海南自由贸易港设立的旅游业、现代服务业、高新技术产业企业新增境外直接投资取得的所得，免征企业所得税。结合如今的国际环境，企业家可提前通过海南进行国际化的资源和架构布局，考虑未来在海外购置资产或进行相应的投资。

若选择在香港设立家族公司，位于内地的主体公司分红至香港家族公司账户，需缴纳10%的企业所得税。如香港家族公司取得香港税收居民身份，则分红仅需缴纳分红额5%的企业所得税。此外，如实际控制人取得香港税收居民身份后，以自然人身份持股内地主体公司，则根据《财政部国家税务总局关于个人所得税若干政策问题的通知》（财税字〔1994〕020号）规定，实际控制人自内地企业取得的股息、红利暂免征收个人所得税。

如果不考虑资金在国内外的流动使用情况，则可以考虑在一线城市设立家族公司。

（2）经营范围可选择"投资""资产管理""技术咨询""企业管理"等。

家族公司作为一种用于家族投资和资金沉淀的实体，其业务范围可选择"投资""资产管理""技术咨询""企业管理"等，这样既符合实际需求，也能实现架构搭建的目的。未来可能不参与实际运营，但我们建议公司偶尔做一些小额业务，避免出现长期零申报税务的问题，因为那可能会导致公司被认定为经营异常，从而带来法律风险。

当然，企业家在选择经营范围时，还应考虑当地的行政规定与政策导向。实际上，有些地区的工商行政管理部门不允许非投资类公司、合伙企业乃至分公司在名称或经营范围内使用"投资"或"资产"字样，需要严格依照当地的规定执行。

（3）注册资本与法定代表人。

家族公司的注册资金不宜过高，其法定代表人建议由实际控制人担任。

如何成立平台公司

（1）注册地可选择在当地设立。

根据平台公司的定位，由于每年无须处理大额业务或大额资金,因此,在设立和运营平台公司时,管理上的便利性则是重点考虑的因素。如果平台公司的注册地与其实际经营地相距很远,那么日常管理和沟通可能会不方便。

(2)经营范围可选择"技术服务""技术开发""技术咨询"等。

设立平台公司的主要目的是为大股东获取控制权,通常不涉及频繁的商业交易。因此,其经营范围可与主体公司保持一致,或者选择技术服务、技术开发、技术咨询等支持开具咨询类或主体公司产品类发票的内容。

(3)法定代表人建议由实际控制人或其指定人选担任。

平台公司的法定代表人建议由实际控制人或其指定人选担任,目的在于保证对主体公司股东会的控制权。

如何成立有限合伙企业

(1)注册地依据实际需要选择当地或政策园区。

国家规定有限合伙企业不缴纳企业所得税,但是每个合伙人在分配收益时按照其性质单独缴纳所得税。

根据《财政部 国家税务总局关于合伙企业合伙人所得税问题的通知》规定,合伙企业生产经营所得和其他所得采取"先分后税"的原则。即合伙企业自主体公司所获投资分红,对合伙企业本身不征税,只对合伙人征税。合伙人是自然人的,缴纳个人所得税;

合伙人是法人和其他组织的，缴纳企业所得税。对于有限合伙企业的注册地，企业家可考虑"税收洼地"。

"税收洼地"不是逃税漏税，而是指部分地方政府为了招商引资和解决当地的财政收入，在指定区域内给到的税收减免或者优惠，使得在区域内（部分园区）注册的企业税负低于区域外的企业，由此形成了我们俗称的"税收洼地"。在进行注册地的选择时，我们需要注意不同地区之间政策扶持和入驻要求的区别。

（2）注册资本可以根据公司实收资本计算，也可以根据股权激励估值计算；建议实际控制人为普通合伙人。

假设主体公司的注册资本为1000万元，有限合伙企业持有主体公司4%的股权，则对应有限合伙企业的注册资本为40万元；当有限合伙企业被作为股权激励持股平台时，建议根据未来的员工股权激励计划确定其注册资本，这个数值一般为员工激励估值的总额。

另外，建议实际控制人注册为普通合伙人，并担任执行事务合伙人，这样该有限合伙企业的表决权就掌握在实际控制人手中。公司高管作为有限合伙人持有的财产份额仅参与分红，不参与主体公司的股东会表决。

02

股权的
七条"生命线"

股权有七条"生命线"

第一条，67%，持股 67% 及以上的股东可以绝对控股公司。

第二条，51%，持股 51% 及以上（不足 67%）的股东可以相对控股公司。

第三条，34%，持股 34% 及以上（不足 51%）的股东享有一票否决权。

你会发现，很多人在持有公司股权时会争取至少 34% 的股权，主要原因在于他想拥有一票否决权。然而，持有一家公司 34% 的股权并不意味着对所有的事项都可以进行一票否决。根据《公司法》的规定，仅有七件重大事项的决议必须经代表三分之二以上表决权的股东同意才能通过，包括：修改公司章程，增加或减少注册资本，以及公司合并、分立、解散或者变更公司形式。三分之二的表决权也就是 67%，如果你持有 34% 的股权，其他股东持股就无法达到

67%，这意味着你与其他股东对等地对这些重大事项有一票否决权。

对公司创始人而言，仅仅对上述七件重大事项拥有一票否决权还不够。因此，创始人股东应拥有一个更重要的权利，即"约定的一票否决权"。通过这种方式，创始人可以在更多的决策上（包括一般表决事项）拥有一票否决权。不过，这种一票否决权应仅由创始人股东所有，不宜过多授予他人，否则可能会使企业陷入困境。

下面以某共享车企为例进行说明，其失败的例子在某种意义上说就是由于一票否决权的滥用造成的。

在某共享车企（以下简称F车）的案例中，总共为五个不同的股东颁发了一票否决权。最初，创始人股东手上有一个一票否决权，这在其股东协议和公司章程里有所体现。然而，当第一轮投资人加入时，他们要求创始人股东必须授予他们一票否决权。由于急需资金，F车的创始人股东同意给第一轮投资人一票否决权。随着第二轮投资人加入，他们也提出了相同的要求。尽管创始人股东最初坚持反对，但在第二轮投资人的坚持下，创始人股东只能妥协，也给了第二轮投资人一票否决权。第三轮投资人进入后也提出了同样的要求，最终一共有五个一票否决权。结果在后面的表决中，常常因为各方的否决使公司无法有效决策，这种情况从某种程度上说也是导致F车最终失败的原因。

还有一个著名的案例是企业家H，由于经营不善，企业家H欠了3亿元的债务。他之所以背负3亿元的债务，也与一票否决权有关。当年企业家H融资的时候，由于缺乏经验且未充分了解股权的相关知识，将一票否决权给了第一轮投资人。当公司濒临倒闭的时候，他费尽周折找到了一家投资机构。该投资机构打算投资企业家 H 的产品，只要注入资金，公司就有可能起死回生。然而，正当他们准备签署投资协议时，第一轮投资人行使了一票否决权，由于这次否决，企业家 H 未能成功签署投资协议，最终导致公司倒闭。

所以，对很多企业来说，成也一票否决，败也一票否决。这里再强调一下：一票否决权只应授予创始人股东，这是企业的"紧急刹车权"，而且在法定的一票否决事项之外还要有约定的一票否决事项。作为创始人股东，虽然这项权利不会经常行使，但一旦行使，绝对是可以救命的。

第四条，30%。这个比例通常被视为上市公司实际控制人的认定线。

第五条，20%。持股 20% 及以上（不足 50%）的股东通常享有较低的税费。

专业投资人在投其他公司时通常依据两个数据：要么持有对方公司 51% 以上的股权，要么持有 20% 以上且 50% 以下的股权。为什么？因为持有 51% 以上的股权后，投资人就可以将被投资公司的财务报表合并入自身的财务报表中，而持有 20% 以上且 50% 以下的股权（非绝对比例，主要看共同控制影响）按照一般企业会计准则采用权益法核算投资的税费，享受较低的税费。

第六条，10%。持股 10% 及以上的股东有权申请解散公司。

02 股权的七条"生命线"

大家不要被这 10% 的比例吓倒,因为申请只是一种权利,并不意味着法院会判决公司解散。实际上,成功申请公司解散的概率很低,法院不会轻易判决解散公司,因为法院的角色是保护企业并促进其发展。

第七条,5%。这个比例被视为股权变动的重大警示线。

对于上市公司而言,当某一股东的持股达到 5% 时,他们必须公开披露其持股情况,也就是所谓的"举牌"。此外,上市公司的关联交易额度也不得超过 5%。

以上提到的股权七条"生命线"在不同的情况下都具有重要的应用价值。大家要尽可能记住,这样未来触发到股权相关事宜时才会引起警觉。

实操:企业家 L 的股权结构调整方案

下面通过企业家 L 的经典案例来引出一个非常重要的实操工具——股权结构调整方案。

企业家 L 曾在一家中央企业工作,在某大型公司的一次活动中,他遇到了未来的合伙人 S,两人逐渐建立起友谊。合伙人 S 对企业家 L 的才华十分钦佩,鼓励他说:"企业家 L,你饱读诗书,口才出众，思维敏锐，这样的才能和智慧应该让更多的人看到。"受到鼓舞的企业家 L 同意了 S 合伙人的提议，两人迅速达成一致意见，创立了一家新媒体公司。

这家新媒体公司的注册资本为 1000 万元。由于企业家 L 当时的经济能力有限，无法出资，合伙人 S 便提出由自己全额出资 1000 万元。尽管如此，合伙人 S 只为自己保留了 82.45% 的股权，而给了未实际出资的企业家 L 17.55% 的股权。这样的安排为以后的股权结构调整埋下了伏笔。

企业家 L 持有 17.55% 的股权叫什么股呢？有人说是技术股，有人说是干股。

下面我们来分析一下。股东通常分为三类：资金股股东、技术股股东和人力股股东。资金股股东是投入资金的股东，技术股股东是提供技术或专利的股东，而人力股股东是提供劳动力或资源的股东。在这个概念的基础上，我们引出干股的概念。干股是指无须支付《公司法》意义上的对价就可以获得的股权。根据《公司法》第四十八条第一款规定，股东可以用货币出资，也可以用实物、知识产权、土地使用权、股权、债权等可以用货币估价并依法转让的非货币财产作价出资。

需要注意的是，只有人力股可以是干股。许多人可能会误解，认为技术股也是干股，但实际上并非如此。技术股是基于所提供的技术或知识产权的价值进行评估后作为股东的出资，而人力股则是基于个人提供的服务或劳动，这些贡献往往难以量化，因此被称为干股。

为了让大家更清楚地理解上述内容，下面举例说明。

技术股不是干股

宋老师是一名科学家，他用了五年时间研发出一款产品——翻页笔，并为这款产品申请了专利。一天，一家公司的老板徐总找到宋老师，说："我们两人成立一家公司吧，我出钱，你出技术。"这家公司的注册资本是1000万元，徐总出了500万元现金，宋老师没有钱，但有技术。因此，为了将技术转为股权，宋老师首先需要找一家评估公司对翻页笔的专利进行估价，假设评估价值是500万元。拿到评估报告后，宋老师就能把这项技术作为出资注入公司了。

这家公司的注册资本是1000万元，其中徐总出资500万元现金，宋老师出资的是其技术专利。那么请问：这家公司的实缴注册资本是多少呢？是500万元还是1000万元？答案是1000万元。

因为这1000万元包含徐总的500万元现金和宋老师被估值500万元的技术专利，这就意味着宋老师可以将其技术专利等同于现金来使用。

那么宋老师获得的是干股吗？当然不是，因为宋老师实际上以技术专利的形式出资了500万元。除了专利，商标可以拿来入股吗？当然可以。但要注意，不论是专利还是商标，都需要由专业的评估公司进行评估，并出具评估报告。事实上，任何可以估价的资产都可以用来入股，比如，土地使用权或汽车等，在经过评估后都可以用来认购公司股权或实缴公司注册资本。

在实际操作中，务必注意转入公司的资产需要完成所有权的转移。例如，如果之前提到的翻页笔的专利原本属于宋老师，那么在无形资产入股的情况下，这项专利现在需要转移到公司名下了（专利权人变更）。

此外，评估价格的确定也是一个需要注意的问题。本例中翻页笔的评估价格是由评估公司决定的。虽然评估公司有标准的评估方法，但仍然存在人为判断空间。那么，宋老师可以将翻页笔评估为5000万元吗？事实上，在提供相应的依据后，这是可行的。

假设宋老师将翻页笔的专利以5000万元的价格评估后转让给了公司，同时徐总也投入了5000万元，那么这家公司的注册资本实缴总额就会达到1亿元。然而，如果公司日后面临债务问题，债权人发现翻页笔的实际评估价值只有500万元，而之前被虚评了4500万元，债权人会追责于谁呢？他们会追究徐总和宋老师的责任。

这是因为，在非货币财产入股的情况下，实缴时的所有持股股东都有责任确保评估的真实性。如果存在虚评，实缴时的所有股东都需要在出资不足的范围内承担连带责任。因此，当你遇到别人用知识产权作为入股资产时，一定要警惕评估的真实性。一旦存在虚评，将影响到你的利益。现在我们已经清楚，在三种类型的股东中，技术股是可以作价出资的，因此它不是干股。

人力股是干股

人力股为什么是干股呢？下面举例说明。

02 股权的七条"生命线"

假设曹总想聘请宋老师担任他们公司的CEO，为期三年。那么，曹总是否应该给予宋老师部分股权呢？这就涉及如何评估宋老师的价值。实际上，这是无法评估的，一般的评估公司也无法提供这样的评估服务。换句话说，对于宋老师的人力资本，无法作价出资。对于无法估价的股权，我们称之为干股。假如这家公司的注册资本是1000万元，曹总决定给予宋老师10%的股权，对应的注册资本是100万元。尽管宋老师在一开始没有投入资金，但这并不意味着他永远不需要为此出资。

如果宋老师目前没有足够的资金，则可以采取一种约定，即从未来的分红中扣除相应的金额来逐步完成实缴。假设第一年宋老师得到100万元的税后分红，他需要将其中一半用于缴纳注册资本。因此，宋老师实际上只能带走50万元现金，另外50万元则用于实缴。到了第二年，如果宋老师再次得到100万元的税后分红，那么他依然保留一半用于实缴，至此，宋老师完成了对100万元注册资本的全额实缴义务。除了分红，还可通过扣除工资（非基本工资）或提成来达到实缴注册资本的目的。

这就是授予人力股（干股）的第一种方式，被称为"认缴授予"。除此之外，还有下面介绍的其他方式。

如果曹总愿意代表宋老师缴纳这100万元的注册资本，并将10%的股权赠与宋老师，这也是可行的。实际上，这种情况在现实中确实存在。但是，重要的是要意识到，在赠与股权的情况下，宋老师作为接受赠与的一方需要为此缴纳税费。按照规定，赠与股权需要缴纳20%的个人所得税。也就是说，如果曹总赠与的股权价值为 100 万元，那么宋老师需要缴纳 20 万元的税款。如果宋老师拿不出钱交税，曹总可以直接赠与宋老师 100 万元现金，然后由宋老师用这笔钱去缴纳注册资本。由于直接赠与现金不涉及股权转让，所以就不会产生上述的税费问题。

有些人可能会提出，通过股权转让的形式也可以实现赠与的目的，而且只要股权没有溢价，就不需要缴纳高额税费。

确实，曹总可以通过到工商行政管理部门办理变更的方式，与宋老师签订股权转让协议。协议中需要明确转让的价格。转让价格可以是无偿的，即 0 元转让，这可以被视为赠与；也可以是平价的，即按照股东的出资款来定价（假设对应比例的净资产低于出资款）。全部实缴且无溢价，曹总将 10% 的股权转让给宋老师，那么转让价格就是 100 万元。在这种平价转让的情况下，由于股权没有溢价，因此不需要缴纳个人所得税。然而，如果税务局发现公司净资产高于注册资本（此时即股东出资款），曹总就不能只按照注册资本来平价转让。假设公司的净资产是 2000 万元，那么曹总转让 10% 股权的价格应该是 200 万元。其中的增值部分（即 100 万元）需要按照 20% 的税率缴纳个人所得税，总计 20 万元。这笔税款应当由曹总支付，因为他是受益方。在现实中，曹总就亏了，因为宋老师并没有给他 200 万元，宋老师只是根据双方签订的股权转让协议给了曹总 100 万元，如果税务局审查，那么曹总还要补缴税款 20 万元。

为了避免这种情况，在签订股权转让协议时，双方可以在协议中添加条款，明确规定税费由宋老师承担（宋老师转账给曹总用于缴税）。如果没有这样的约定，曹总不仅需要补缴 20 万元的税款，而且可能面临滞纳金和罚款。

此外，并非所有按照公司净资产价格转让股权的情况都会被税务局接受。在下述情况下，税务局会要求企业提供第三方评估机构出具的评估报告，并按照评估价格进行转让。

第一种情况是，公司在这次股权转让前的6个月内，发生过一次股权转让，并且在这6个月内，公司的净资产没有土地房产购置等重大变化，那么在这种情况下，税务局通常是依据企业提供的上一次股权转让时已做出的资产评估报告来核定这一次股权转让的价格，而非通常的依据最近月度的净资产数值评估。

第二种情况是，公司还拥有土地、房产等资产。例如，假设宋老师10年前在深圳市南山区花费5000万元购买了一块土地及土地上的建筑物，10年后，这些资产在账面上可能仅值3000万元，因为随着时间的推移进行了折旧处理。但实际上，这些资产的市场价值可能已经大幅升值，达到3亿元。在这种情况下，税务局通常不会接受按照账面净资产价值进行转让，而是要求进行重新评估，并且依据评估后的价值进行转让。

03

经典股权
案例分析

某知名餐饮企业经典案例分析

下面介绍一家知名餐饮企业的经典案例，这家餐饮企业的老板C在股权问题上犯了所有可能犯的错误。通过学习这个案例，我们可以提升对股权的认识，并避免未来发生类似的问题。

当年这家餐饮企业成立之初，C夫妇各自持有25%的股权，而C的妻弟P占有50%的股权。然而，由于C夫妇感情破裂，导致夫妻离婚，为了获得孩子的抚养权，C的妻子将自己25%的股权转让给了C。这样，C和P的股权结构变成了各占一半，这种股权结构存在明显的不稳定因素。尽管如此，在最初的阶段，由于双方之间的亲属关系，矛盾并未立即显现出来。到了2007年，公司引入了外部投资人，两家著名的投资机构各注资1.5亿元，分别获得了3%的股权。随着公司的增资扩股，原有股东的股权被稀释，最终C和P的股权比例调整为41.74%，而他们各自控股50%的另一家公司持有10.52%的股权（即各自间接持有5.26%）。这意味着，C和P的实际股权比例再次变得相同，都为47%，但他们均未能实现相对控股。在这种情况下，公司的控制权取决于小股东的支持，因为小股东的立场将决定哪一方能够占据主导地位。

如果 C 和 P 团结一致，作为小股东的投资机构将很难有机会介入公司控制权的争夺。小股东想要掌控公司，就必须设法破坏 C 和 P 之间的联盟。而他们之间的关系虽然因为 C 和 P 姐姐的婚姻结束而变得复杂，但在 C 实施一系列"去家族化"的措施后，P 的控制权受到了限制，双方的信任基础变得十分脆弱。

最终导致二人关系破裂的事件是，一个与 C 育有孩子的女子在公开场合召开新闻发布会，要求 C 支付 5000 万元的抚养费，同时 C 的前妻也在发布会上揭露 C 的不忠和对自己的伤害，并提出要回收她所转让的 25% 股权。此外，P 也开始采取报复行动。

P 通过法律途径要求对企业账目进行审查，这一举动导致公司部分高管因涉嫌非法经营而遭到警方调查。随后，P 的妻子以公司监事的身份，将 C 告上法庭。2011 年 4 月，C 因多项指控被公安机关逮捕。2014 年 6 月，法院作出终审判决，认定 C 犯有职务侵占罪和挪用资金罪，判处有期徒刑 14 年。

如果一开始股权设计没有漏洞，是不是就不会出现上面的结局？这种情况在很大程度上可能是股权设计不当，以及其他潜在的管理问题导致的。回顾整个事件，企业所面临的问题或许可以看作创始人在企业发展过程中缺乏对股权和资本运作的深刻认识，以及在个人行为上缺乏自律所付出的代价，也就是所谓的"学费"。

动态股权设计

让我们再来看看第 2 章实操部分中企业家 L 和合伙人 S 的故事。在前面提到过，两人在合伙成立一家新媒体公司时，合伙人 S 出资 1000 万元，却只拿走 82.45% 的股权，给企业家 L 留下了 17.55% 的干股。起初，企业家 L 对此感到非常满意。公司成立后，他们开始全力包装推广企业家 L，结果不到 6 个月，企业家 L 就在网络上迅速走红，公司也因此迅速实现了盈利。不到一年时间，公司的估值便突破了 1 亿元。在这种情况下，合伙人 S 手中的股权价值已经达到了 8000 多万元，而企业家 L 手里的股权也价值 1700 多万元。此时，企业家 L 认为自己的付出与得到的回报严重不符，他觉得自己单干可能会有更好的发展。于是不久后两人便分道扬镳了。

问题来了：在一家公司的发展历程中，0～1 重要还是 1～100 重要？其实，从 0 到 1 的初创阶段和从 1 到 100 的成长阶段都至关重要。不过，公司在不同的发展阶段所需的分配方式应当是灵活变化的。为什么企业家 L 和合伙人 S 最终会选择分家呢？根本原因在于他们之间的利益分配机制存在问题。

简单地说，股权就是公司权力和利益分配的一种机制。任何一家公司首先要解决的就是这种分配机制的问题，否则该公司的稳定和发展将会受到威胁。对于企业家 L 和合伙人 S 之间的矛盾，有没有可能进行调解或解决呢？答案是可以通过动态股权设计解决。

下面介绍的案例是笔者亲自操作过的。

海归李博士掌握了一项技术，计划将其商业化，并预计需要1000万元的启动资金。然而，李博士目前只有300万元，因此需要寻找外部投资人。这类初期融资通常被称为天使轮融资。天使投资人通常是个人，如亲戚朋友或其他有财力的人士，他们基于对创业者的信任进行投资。

在学习股权相关知识的过程中，李博士结识了同班一起学习的家境富裕且拥有矿业资源的班长王员外。王员外对李博士的项目很感兴趣，并决定投资700万元。但他没有时间或意愿参与公司的日常管理，只是提供资金支持。这类投资人被称为财务投资人，他们主要提供金融资本，而不直接参与运营管理。

企业在筹集资金时，需要区分不同的投资人类型。投资人可分为财务投资人和战略投资人。财务投资人的特点是只提供资金，不参与公司的日常事务。而战略投资人的特点是不仅提供资金，而且还会根据他们与企业业务的相关性（如供应商、客户或同行）提供其他资源。

那么公司融资时选择哪种投资人比较好呢？这就需要考虑自身所处的发展阶段和具体需求。

财务投资人通常只派一名代表与企业进行联系，重点关注资金的使用效率和企业的盈利能力，而不会涉足公司的日常管理。相比之下，战略投资人可能会派遣管理团队进驻企业，因为除了提供资金，他们还能够为企业带来其他资源，但这种做法往往意味着企业需要出让一部分经营管理权。

在创业的早期阶段，李博士更需要财务投资人。在讨论股权分配时，李博士向王员外提出了一个建议："班长，我希望持有公司51%的股权，剩下的49%给你，可以吗？"王员外拒绝了这个提议，但无法明确表达自己的理由。

下面是笔者对王员外考虑因素的分析。

首先，如果王员外同意这个方案，那么在公司成立后不久解散的情况下，即便公司尚未开展实际业务，李博士也将获得510万元（持股51%所对应的金额）。这意味着在没有任何实质性贡献的情况下，李博士相当于获得了额外的210万元。在公司运营顺利的情况下，这笔钱是值得的，但如果公司经营得不好，王员外将承担700万元的亏损。因此，王员外认为这种安排在公平性上失之偏颇。

其次，李博士之所以希望与王员外合作，主要是看重后者手中的资金。当公司融资不再有难度，随时有投资者想要投资公司时，王员外对李博士的重要性就会降低。

最后，即使李博士目前满足于持有51%的股权，但如果公司发展壮大后，他认为这个比例不足以控制公司，他可能会失去管理的积极性，或选择单干。这种不确定性让王员外对未来合作的可能性感到担忧。

所以，从公司注册的那天起，李博士和王员外之间的潜在矛盾已然显现。尽管王员外有股权认知，对这些原则也了解，但他表述不清，而李博士则认为王员外是故意不投他。本来很好的同学关系，因为这个项目，他们闹得有点僵。一天晚上，他们找到了笔者，希望笔者能帮助他们继续合作下去。于是笔者为他们做了一套股权设计方案——动态股权设计。

股权设计方案如下：李博士投资 300 万元，占股 30%，王员外投资 700 万元，占股 70%。按照实际出资比例分配股权，但由于李博士负责公司的日常经营管理工作，因此，额外给予他 10% 的管理股。这样算下来，李博士最终持有 40% 的股权，王员外持有 60% 的股权。

在这个方案中，许多人可能会忽略一个关键问题：授予李博士额外 10% 的管理股是一个高风险的决策。如果李博士的管理工作表现出色，那么这个决策无疑是正确的。但如果他的表现不佳，或者技术未能成功转化为实际的商业价值，那么这个股权分配就可能出现问题。

正如中国的一句老话："请神容易送神难。"很多企业家在类似情况下会陷入困境。他们可能因为一时的承诺或夸大其词而给予某人股权，但当这个人未能履行预期的职责或贡献时，收回这部分股权就会变得非常困难。例如，如果某人声称自己拥有能够解决公司产品问题的技术，并以此为筹码要求获得公司 10% 的股权，但后来证明这些技术只是一些没有实际应用价值的资料，那么试图收回这部分股权将会非常棘手。毕竟，当初是企业家自己主动提出股权赠予，到了反悔的时候，往往会发现自己处于被动局面。

在授予 10% 的股权后，随着时间的推移，如果发现公司的管理出现了问题，你可能会聘请新的高管，比如从一家上市公司招来一位副总，同样给予他 10% 的股权。这位副总来到公司后，沿用了上市公司的运营模式，假如最终不但没有解决公司的问题，反而导致了更大的危机。最终，副总不得不离开公司，而他说："抱歉，你们公司并不适合采用上市公司的那一套做法。"

副总虽然离开了公司，但之前授予的 10% 股权仍归他，很难再要回来。作为老板，在不断尝试找到合适的帮手和技术资源的过程中，可能会不断地分出股权。如果老板一开始给出 5%，后来又给出 10%，那么股权会逐渐减少，最终可能连尝试的机会都没有了，因为公司的股权总量是有限的，而一家企业只有 100% 的股权。那么，是否存在一种方法能够让股权"无限"分配，并且越分越多呢？

确实有这样的方法。下面将介绍其操作细节，这也是笔者给李博士和王员外做的第二阶段设计。其核心是在给予李博士 10% 的管理股的同时设置条件，即这 10% 的股权将在未来某个时刻发放，比如两年后，或者当李博士将公司经营额（流水）提升至 3000 万元时（假设）。这 10% 的股权份额目前将以期权的形式存在。

只提供 10% 的期权可能不足以激励人心。试想：如果你对一个副总说给他 10% 的期权，两年后发放。他可能会认为你是在给他"画饼"。即便他留下，这 10% 也起不到调动他的积极性的作用，因为这个许诺对他来说太遥远。所以，只给期权还不行，我们要在给期权的同时加上一个权利——分红权。即从他加入公司的那一天开始，就给他 10% 的分红权，但是股权授予要等到两年后。

03　经典股权案例分析

未来如果有技术高手或管理专家加入团队，不要立即授予股权，而是应该采用分红权+期权的模式进行激励。

按照分红权+期权的模式，李博士持有公司工商注册的股权是30%，但他每年可以获得40%的分红。这种模式合法吗？合法，在《公司法》中，这叫作同股不同酬，就是股权相同，享有的分红和回报不同。举个例子，假如你持有公司10%的股权，我可以与你约定，你实际上享有80%的分红权。若要实施这样的安排，就必须提前取得全体股东的一致同意，且在公司章程中明确约定。值得注意的是，取得全体股东的一致同意，修改完公司章程后，在下一位新股东进入时，也应取得新股东的同意，方可对其实施同股不同酬安排。因此，股权设计和股权激励不是孤立的问题，而是一个需要系统操作的连续过程。每一步都需要谨慎规划，才能确保问题得以妥善解决。

下面继续讨论关于"期权+分红权"的方案。假如约定当公司的流水达到5000万元时，李博士将获得51%的股权，而王员外保留49%。如果你是王员外，你会同意这个方案吗？很有可能会。尽管你的股权从70%降低到49%，但公司的流水从1000万元增长到5000万元，你的资产价值和收益也随之增加，这些增值是由李博士的努力带来的。现在，换位思考，如果你是李博士，你会同意这个方案吗？很可能不会。因为你最初就希望能拿到51%的股权，现在要你付出将公司做到5000万元营收的巨大努力才能得到原本想要的份额，对于这样的要求，你自然难以接受。

接下来就是笔者为他们做的第三步设计。李博士拿51%的股权的确太少了,以李博士的才能和能力应该得到更多。我们换一种约定:当公司营收达到1亿元的时候,给李博士67%的股权,王员外只要33%的股权。这时如果你是王员外,你肯定会同意,因为尽管你的股权从70%降到了33%,但是你的资产和收益实际上增加了,而且这个价值还是李博士帮你创造的。如果你是李博士,你肯定也会同意,因为王员外用股权这根杠杆撬动了你的积极性。

从此以后,李博士在公司只有一个念头,那就是全力以赴地将公司营收经营到1亿元。达到这个营收就意味着他能获得67%的股权,也即对公司绝对控股。这样的激励会让他更有动力去推动公司的发展。如果没有这样的激励机制,公司可能在达到3000万元营收时就会遇到瓶颈,而李博士可能会觉得自己的付出与得到的回报不成比例,从而考虑离开这家公司去创立自己的事业。但有了这样的激励机制,李博士可能会想:与其重新开始,不如将现有的公司推向更高的高度,让它成为自己的事业。

许多企业家时常向我抱怨,说他们的合作伙伴和股东都野心勃勃。股东和合伙人有抱负难道不是一件好事吗?最需要担心的是股东们毫无追求和主见,如果股东们对分配方案毫不关心,任由你决定,那么通常意味着他们在公司事务上不会有太大贡献。相反,如果股东们对分配表示不满,则表明他们仍有动力和计划在公司有所作为。你应该将对他们的抱怨转化为动力,通过动态股权设计来激发他们的积极性。特别是对于成长中的企业来说,股权设计应该是灵活的、动态的,而非固定不变的。

我们继续看李博士和王员外的案例。如果公司发展得越来越好，结果当然是皆大欢喜。但如果公司经营得不好，要不要对李博士有所处罚？这就是笔者给他们做的第四步设计。

如果一年之后公司的净资产仍然维持在 1000 万元，则说明李博士的管理水平有限，他的分红权应该从最初的 40% 降低到 30%。如果过一年后公司净资产只剩 800 万元了，则说明李博士虽然擅长技术工作，但管理能力不足，在这种情况下，他的股权比例就要从 30% 调整为 20%。

李博士持有 20% 的股权，王员外持有 80% 的股权，但王员外只有 60% 的分红权，多出来的 20% 的分红权给谁呢？给王员外并没有什么用，因为他既不懂技术，也不擅长做管理。如果公司没做起来，给再多的股权也只会变成负担。那这 20% 给谁呢？公司的问题出在管理上，那就搭建一个管理团队，招一个 CEO，让他带一个管理团队，给他 20% 的股权。同样的操作，利用分红权+期权的模式，并采用动态股权设计。如果发现这个 CEO 管理团队不能胜任，那就把他的股权收回来，重新招人，重新试错，一直试到满意为止。

假设找到合适的管理团队后，公司的流水迅速增长到 2 亿元，但是很多渠道没有打通，市场没有做好，这时的渠道和市场就成了公司的短板。这时就需要招募一个市场团队，并且需要李博士、王员外和 CEO 同比例稀释 10% 的股权，拿出来给市场团队，公司才能继续发展壮大。很多公司为什么会遇到瓶颈？因为公司的资源和能力被透支了。在这种情况下，需要拿股权去换资源和渠道，依然是做动态股权设计。

大家是否发现，到目前为止，笔者为李博士和王员外做的这个动态股权设计有一个致命的漏洞。随着公司越做越大，虽然王员外的股权资产的确增加了，但他的股权比例也越来越少。从最初的70%绝对控股地位下降到60%的相对控股，再到持股49%时只剩一票否决权。当他的股权比例降至33%的时候，甚至连一票否决权都没有了，他在这个公司的话语权完全丧失。

那么有没有一种方法能让王员外既赚到钱，又不丢失公司的控制权呢？答案是肯定的。假设我们约定，王员外在公司持有60%股权的时候，享有67%的表决权，在持股变成49%，甚至33%的时候，依然享有67%的表决权，是否可以？完全可以，而且合法。在《公司法》中，这叫同股不同权。《公司法》第六十五条明文规定，有限公司股东会会议由股东按照出资比例行使表决权；但是，公司章程另有规定的除外（股份公司规定于《公司法》第一百一十六条）。所以，要想实现同股不同权，只需要修改公司章程即可。再次提醒，修改公司章程虽然需要经过三分之二以上表决权同意即可，但同股不同权这项规定需要全体股东一致同意才具有完全效力，且新股东认可后方对新股东发生效力。

同股不同权又被称为AB股制度。截至2024年8月，由于内地主板市场不允许有这种制度，所以之前一些实行AB股制度且有上市计划的公司只能在美国上市或在中国香港上市。中国香港于2018年4月30日允许实行AB股制度的企业上市，这一举措对许多中国企业来说意义重大。第一家以AB股制度在香港上市的公司是小米公司。内地目前的创业板、科创板和新三板也允许采用AB股制度，因此，如果你的公司有意在这三个市场之一上市，现在就可以筹划实施 AB 股制度。

中国的科创板为什么允许实施 AB 股制度？是为了解决科技公司在持续融资过程中可能遇到的控制权问题。科技公司往往需要大量的资金来进行研发，而这会导致创始团队和现有股东的股权不断被稀释，从而有可能失去对公司的控制权。

为了避免上述情况的发生，同时又确保企业能获得必要的资金支持，国家推出了相关政策，允许科创板企业采用 AB 股。在这种制度下，企业可以通过发行 B 类股票来吸引外部投资，每股 B 类股票享有一票表决权。创始团队和核心股东持有的 A 类股票每股则拥有最高十票表决权。这意味着即使在多次融资后，创始股东的表决权比例仍能保持在较高水平，从而保留了对公司较高比例的决策权。举例来说，即使创始人只持有 10% 的 A 类股票，他们仍然可以拥有约 53%（10 票 ×10 倍 /（10 票 ×10 倍 +90 票）×100%）的表决权（特定事项时实行一股一票制）。这样无论融资多少轮，创始股东的控制权都能得到保障，从而解决了企业家融资的后顾之忧。

因此，如果你的公司正计划进入科创板，那么转换成 AB 股制度是一个有利的选择。它可以确保公司在获得必要资金的同时，创始股东依旧能够掌握公司的"方向盘"。而如果你的公司没有上市打算，那么实施简单版的同股不同权模式可能更直接、有效。

餐饮企业家 Z 的经典案例分析

让我们来看看另一个关于动态股权设计的成功案例：企业家 Z 的故事。在 20 世纪 90 年代，Z 和其他三位合伙人 A、B 和 C 在四川简阳市开设了一家只有四张桌子的火锅店。如今，这家店铺已经发展成为三家上市公司。最初的股权结构是平均分配的，即每位创始人各自拥有 25% 的股权。创业资金 8000 元是由 A、B、C 三人共同投入的，而 Z 没有出一分钱，这可以看出 Z 在四人中具备较强的能力。

随着时间的推进，A 与 B 结婚，C 与 Z 结婚，原本的四个伙伴变成了两对夫妇，两家各自拥有 50% 的股权。这个开局与之前提到的餐饮企业创始人 C 的案例相似，但二者的结局截然不同。在 2007 年，Z 以 13 年前的出资额从 A、B 夫妇手中购得了 18% 的股权，即 1994 年 8000 元出资额的 18%，总计不到 2000 元。通过这次交易，Z 实现了对火锅企业的绝对控股权。

合伙人 A 非常清楚，如果不出让股权，Z 很有可能会选择自立门户。那样，整个企业将会分崩离析，他们也将一无所获。正是由于 A、B 夫妇愿意出售股权，才使得他们日后能够坐享其成。反过来想，如果没有买到那 18% 的股权，Z 是否还有信心和决心将火锅企业推向更高的台阶呢？不一定。Z 可能会认为自己的努力得不到相应的回报。但在成功控股之后，Z 持有的股权达到了绝对控股的 68%，这无疑增强了他将企业做大做强的决心。为自己打工，企业家 Z 的动力自然更加充足。

再换一个角度来看，如果企业家 Z 没有买到这 18% 的股权，他敢融资和上市吗？也不敢，因为一旦企业融资上市，以 50% 对 50% 的股权结构让投资人进入，投资人若想控制火锅企业，只要干一件事即可——拉拢合伙人 A，企业家 Z 很可能会沦为第二个前文餐饮企业案例的创始人 C。

因此，在引入外部投资人之前，企业家需要谨慎行事，首先要确保获得公司的绝对控制权，并且解决掉之前可能存在的各种问题。如果没有处理好这些潜在的风险就匆忙引进投资，就像是引狼入室，可能会导致一系列严重的问题。 许多企业家都曾因缺乏充分准备而付出沉重的代价，这些教训是刻骨铭心的。

在 2016 年，该火锅企业旗下的一家子公司成功上市。在 2018 年，母公司本身也成功上市，在 2022 年，又一家子公司港股上市，而在 2024 年，2022 年港股上市的子公司又完成了美股上市。这样，企业家 Z 成为掌舵三家上市公司和四个 IPO 的商业巨头。Z 之所以能够取得今天的成就，笔者认为有两个原因至关重要。

首先，Z 展现出了一种强烈的野心和冒险精神，这是吸引投资人的关键特性。投资人往往青睐那些有着远大抱负和冒险精神的领导者。员工们同样会被有抱负的老板所吸引，因为如果老板的目标仅仅是赚一笔钱后退休，那么员工怎么可能对未来抱有更大的期望呢？每个员工都希望能够实现自己的职业目标，希望买好房、开豪车、获得社会认同。因此，这就要求企业家必须拥有且展示出他们的远大抱负。

其次，Z对企业股权的理解非常透彻。一家企业要想快速发展，通常有两种途径："上当"和"上课"。许多企业都是在不断经历挫折的过程中成长起来的，每次受骗都会积累经验，逐渐铺平前行的道路。本节案例中火锅企业母公司在上市时，有一张照片里的女孩Y引起了人们的关注。

Y担任火锅企业的COO，在2018年公司上市之际，她年仅四十岁，却凭借着公司上市让她的身家超30亿元，这相当于一个年薪一千万元的高管连续工作300年才能累积到的财富。

Y的故事相当鼓舞人心。她并非出身名门世家，也没有海外留学背景，更不是所谓的"富二代"或"官二代"。她来自四川农村，作为家中的小妹妹，有两个负债累累的哥哥。由于家庭经济压力，Y初中没毕业就开始在餐馆打工，为家中还债。尽管只有小学学历，但她凭借着不懈的努力和不间断的学习，最终成为一家上市公司的COO。

这个案例启发我们的是，很多公司业绩不佳，并非因为员工不够优秀，而是因为老板没有提供良好的发展平台。像Y这样的人，并不是一开始就能胜任上市公司COO的位置，而是因为企业家Z的赏识和栽培，以及长期有效的股权激励机制帮助她激发了潜能，实现了阶层跃升。

股权顶层设计实操案例之"花开两枝"

下面介绍一个笔者操盘过的真实案例,讲述笔者如何运用股权策略帮助一家公司又一次"绽放"。

1. A 集团的前世今生

西北 A 公司(简称"A 集团")的前身成立于 1980 年,并在 2010 年完成了国有企业混合所有制改革。历经四十多年的发展,A 集团从一家专注于业务运营的公司转变为一个投资平台,成功培育了多家控股、参股的优质企业。这些企业涵盖了不同的产业链,A 集团并表后年产值超过 80 亿元,使它成为当地乃至全行业都有重要影响力的龙头企业。

然而,随着 A 集团的不断壮大,它也逐渐面临以下一系列挑战。

(1)如何处理国有企业改革过程中遗留的自然人股东较多的问题,如何合理约定老股东退休后股权回购的回购价格和条件,以及新高管股东进入的认购价格和条件。A 集团的净资产较高,并表后流水较高,但近两年发展不稳定,净利润较低。如果按照 A 集团净资产的价格进行回购,将对现金流产生压力;如果以低于净资产的价格回购,则可能导致老股东不愿意出让股权,甚至出现股权被非员工继承的情况,还需要解决股权转让价格合规的难题。同样,如果新高管以净资产价格认购,则价格高、分红少、投资回报率低，很难起到股权激励的作用；如果以低于净资产的价格认购，则会存在老股东不愿出售、无股可认的两难境地。此外，如果通过增资扩股的方式进行股权激励，就会稀释国有股权，存在行政执行的难度。

（2）A集团的公司体量已经达到一定规模，如何在复杂的历史沿革、投资关系、业务关联关系等问题面前整合现有资源，帮助企业更进一步实现上市梦想？

A集团之所以能够在几十年的市场环境中稳步发展，离不开一群优秀管理者的正确决策。在笔者的团队与这些管理者交谈后，发现这是一群可敬又尽责的老前辈，他们戏称董事会现在有500岁了（9位董事的年龄之和）。他们每天坚持上班、参与会议，展现出逻辑缜密、思维清晰和见解独到的特点，并且充分表达了想要在有限的生命里以燃烧自己的热情带领集团的股东们再次腾飞的愿景。

然而，由于A集团错综复杂的历史沿革和某些不可调和的客观因素，其自身已经不具备直接上市的条件。因此，需要探索一些创新的"间接"路径来实现集团的资本市场目标。

2. 笔者团队的股权顶层设计

A集团所遇到的问题非常典型。在分析了A集团所有相关的基础材料之后，笔者的团队认为A集团直接上市的可能性不高。因此，我们提出了"花开两枝"的策略建议。

具体地说，我们建议 A 集团利用其现有资源作为支撑，另外成立一家全新的有限责任公司（以下简称"A 子公司"）。A 集团将人员、资源、可以上市的产品、销售渠道和品牌商誉等输送到 A 子公司。这样，A 子公司便可以依托集团的优势，以自己的名义独立开展业务，同时保证其拥有清晰的历史沿革。

A 子公司的股东构成如下。

（1）A 集团中未来对 A 子公司有工作贡献的高管，有权认购激励股。通过向这些相关高管释放更有发展前景的 A 子公司的股权，不仅能缓解集团在股权激励方面的压力，还能直接向 A 子公司输送经验丰富的管理团队，从而促进其快速发展。

（2）A 集团的现有股东有权选择是否跟投。这些股东多数是在国有企业改革前后对公司有巨大贡献的老员工。为了不让他们在战略上有被"遗弃"的感觉，A 子公司向他们开放了跟投权，这一操作也为 A 子公司提供了必要的启动资金，从而减轻了 A 集团的资金压力。

（3）A 集团本身也将持有 A 子公司的股权。A 集团的股权构成中，除了自然人股，还有国有企业股。因此，当国有企业决定不单独投资 A 子公司时，A 集团以自身的名义持有 A 子公司的股权，能够确保国有资产的稳定。虽然 A 子公司是一个独立的法律主体，但绝不是完全脱离 A 集团单干的。

上述股权顶层设计方案在形成书面文件后，第一次向 A 集团全体员工披露时就得到了大家的高度认可。在最终签署协议时，所有释放的股权均被全额认购。

目前，在中国的法律体系中尚无针对股权顶层设计的具体法规。然而，对于律师来说，企业的股权结构设计和规划是他们必须面对的重要任务。因此，律师需要精通《公司法》《合伙企业法》《证券法》《信托法》《劳动合同法》，以及证监会关于上市的相关规定、市场监督管理局关于企业变更登记的规定、税务机关关于股权变更和分红缴税的规定等多部文件，这样才能为企业提供全面的专业建议。

本节提出的"花开两枝"股权顶层设计方案并不是笔者团队的主观臆断，而是基于对A集团全部基础资料的深入分析，以及对集团内部团队是否具备独立核算、自负盈亏，以及科技上市属性等的综合判断。此外，该方案还参考了其他知名企业分拆子公司上市的成功案例，这种做法是被证监会认可的常规操作，具有较低的风险和较强的可行性。此外，还有其他一些不可公开的因素，也是笔者团队在提出这一方案时所考虑的。

03 经典股权案例分析

> 结语：其实在每一次的合作中，企业家的需求都不相同，有的求发展，有的求稳定，有的求解散，有的求上市。该案例也是如此，考虑到保密约定，笔者在表述中隐掉了很多"不可说"的情况，所以实际情况比文中介绍的要复杂很多。但我们知道，这就是一对一项目合作的意义所在。

04

股权激励

很多企业家对股权激励这个话题非常感兴趣,那么,到底什么是股权激励呢?简单地说,股权激励是指使员工通过获得公司股权的方式,享有一定的经济权利。**成功的股权激励方案应达到员工和公司双赢的效果。也就是说,实施股权激励后,员工的收入相比原来应该有所增加,公司的收益也应有所提高。**对员工来说,股权激励一定是正向激励,这与绩效考核具有明显的区别。

股权激励的目标

现在我们已经了解到,股权激励的核心目标是实现员工和公司的收益双增长,这也是衡量股权激励成功与否的重要标准。在讨论股权激励时,有一种观点认为,它可以让员工以股东的身份参与公司决策。笔者对此持谨慎态度,**因为笔者坚信股权激励的主要目的并非将员工转变为股东。**下面以案例形式说明。

假设你的公司有一位副总裁老张,他已经为你效力了13年。现在公司的净利润达到1000万元,考虑到老张的忠诚和所做的贡献,你决定分给他5%的股权。那么,授予老张股权的初衷是什么呢?目的主要有三个。首先是激励,促使老张更加努力地工作,增强他在公司的归属感。通过这种方式,老张从一名打工人转变为公司的合伙人。其次是对他长期努力工作的回报。老张陪伴你走过了13年,你希望以某种方式表达对他的感谢。最后,这一举措还具有示范意义。通过给予老张5%的股权,不仅仅是激励他本人,更

04 股权激励

重要的是向更多的员工传递一种信息,展示通过努力工作可以获得的潜在回报。

目的明确之后,股权激励的方式也就清晰了。它不应该是一件秘密进行的事,而是应该公开宣扬,尽可能地扩大影响力。不仅要让公司员工意识到股权激励的存在,还要让客户、供应商、竞争对手甚至整个行业都知晓这一举动。这样做不仅可以展现你作为领导者的眼光和勇气,还能表明跟随你将有广阔的前景。而且在未来招募行业内的精英时,这也是你手中一张重要的"王牌"。因此,股权激励的目标不是为了激励单一的个体,而是为了激发整个团队的潜能。

在现实生活中,不少管理者并不擅长有效地激励员工。他们在发放奖金和提成时往往偷偷干,像做非法交易一样。有的老板会把员工叫到家中,私下告诉他们:"你是今年获得年终奖最多的,有15万元,但千万不要告诉别人。"结果不到两个月,全公司上下都知道了这件事,而且传言中的金额已经失真。拿到15万元奖金的员工可能会感到困惑和不安,因为这种传言可能会影响到他和同事之间的关系,其他员工还可能产生嫉妒和不满。他们可能会想:"为什么他能拿到这么多奖金,而我却没有?"

因此,至关重要的一点是,奖励一定要正大光明地给,因为奖励的目的不是激励一个人,而是激励一群人。如果公司计划在今年拿出200万元奖励10名表现优异的员工,每人20万元,那么公司的目标应该是让这200万元发挥出相当于2000万元的价值。在这方面,公司可以借鉴国家的做法。比如,国家通过举行表彰仪式来嘉奖那些展现出英勇行为的个人，以此鼓励全社会的人在类似情况下采取积极行动。公司同样应当重视这种积极效应的传播，确保激励措施在奖励员工个人的同时鼓舞整个团队的士气。通过这种方式，公司可以营造一种积极向上的工作环境。

再回到本节老张的案例。分配给他5%的股权还有什么目的吗？有人可能会说是为了留住老张。如果像老张这样的人走了，可能会给公司带来重大损失，因为他不仅能把老员工带走，还可能把公司的客户带走，甚至可能在离开后成为公司的竞争对手，所以留住老张也是给予他股权的目的。

这种理解其实并不完全准确，至少它不应被视为股权激励的终极目标。首先，考虑能否通过分配5%的股权来留住老张，在大多数情况下，这种方法可能是行之有效的，因为股权能给他带来归属感，促使他愿意留下。然而，需要进一步思考的是，仅仅留住老张是否就是最终的目标？留住老张是否就能让公司获得的利益最佳？其实不一定。所以需要更全面地考虑股权激励的长期影响和目的，而不仅仅是短期的员工留存。

为什么这么说？有句话叫作："没有这帮老员工，就没有公司的今天；有了这帮老员工，就没有公司的明天。"我相信，凡是经营公司超过5年的企业家一定会对这句话深有感触，这也是很多企业家或多或少都会有所思考的问题。

公司在初创期，正是依赖着这些老员工的辛勤付出和不懈努力，才得以从零开始，逐步建立起基业。在这个阶段，员工和老板之间往往是平等的伙伴关系，大家齐心协力，共同打拼天下。经历了无数艰难困苦，终于将公司带上了正轨。然而，随着公司规模的扩大，比如达到30人、50人或80人的时候，你会发现简单的"人管人"不再奏效了，这时候需要引入更为系统的管理制度。因此，你会去学习各种管理课程，聘请咨询公司，实施绩效管理和流程优化，制定一系列的规范和制度。

但在这些新的管理措施推行的过程中，首先站出来反对的是谁？是老员工！因为习惯了自由的工作方式，他们对于新的管理手段和严格的规定往往持反对态度。这些老员工与你有着深厚的感情，你不愿意双方关系闹到剑拔弩张的地步，而且他们在公司还担任着重要的职位，例如副总或总监。当副总或总监岗位的高管都开始反对你的改革措施时，你所学的知识和高价聘请的咨询公司制定的方案还能落地吗？基本无法实施。

因此，作为公司的老板，在推进任何事务之前，首要任务是处理好人的问题。如果人的问题得不到妥善解决，那么所有的规划方案都将是空中楼阁。

股权激励改革的障碍

大家或许已经注意到另一个普遍的情况：一些公司的老员工在满足了买房、买车等基本生活需求后，似乎失去了工作动力。这些员工为公司贡献了多年的青春和精力，身心都已付出了巨大的代价，从而进入了某种疲态，想要"躺平"也是可以理解的。然而，如果这些老员工真的"躺平"了，那么你从外面招来的员工和高管还能在他们的带领下干出一番业绩吗？显然不能。在这种环境下，你很难留住真正的人才，新加入的员工可能会在短短几个月内就选择离职。因为当他们看到老员工的态度、感受到公司的文化氛围后，聪明的人就会选择离开，留下来的一部分人也会被同化成新的"老员工"。

有些老板告诉笔者："我的员工都非常忠诚，80%的人都在公司工作了超过10年。"对此，笔者的回应是，这样的公司更像是一家养老院。因为每个人的时间和精力都是有限的，员工之所以选择留下，可能就是因为他们可以在这里天天"打酱油"，没有业绩和生存压力。

也有一些老板感叹："现在的年轻人跟以前不同了，以前的员工在公司里一干就是一辈子，而现在只会干一阵子。"笔者会告诉他们："这有什么可伤心的？作为老板，你需要调整自己的观念。雇用员工不一定意味着他们会在你的公司工作一辈子，用一阵子，让他们在这段时间里发挥最大的价值也是可以的。"

如果你拼了命把老张留住，可能会无意中堵死别人晋升的通道，这是很多公司面临的一个大问题。**股权激励要想在公司中行之有效，首先要妥善处理好老员工的问题。**但是，你也不能粗暴地将所有的老员工都裁掉。试想一下，如果老员工离职当天请公司的核心高管外出就餐，酒至半酣，老员工端起酒杯说一句话："我的今天就是你们的明天。"那你的麻烦可就大了,所以说妥善处理老员工这件事情非常重要,处理不当可能会给公司带来严重的后果。

当晋升之路被堵塞,公司过度依赖私人情感而非规则和制度时,执行力度就会大打折扣。这也是许多公司在尝试改革、流程管控和绩效考核时常常遇到的障碍。

第一大障碍是"老人",即公司前期打江山时积累下来的既得利益者。这与公司改革是一样的。老板接受了先进的思想,明白如果不改革,公司将无法生存,但改革一旦开始,第一个站出来反对的就是"老人"。所以在实施股权激励之前,要先列出身居高位的"老人"名单,并区分对待。"老人"的问题需要先解决。

第二大障碍是"亲人"。在许多公司里都有领导的亲属在公司任职,而且这些亲属往往被安排在公司的关键岗位,如采购、财务等。以财务部门为例,假如你的姐姐是公司的财务总监,而小李是财务部门的主管,那么,即使小李再有才能,也顶替不了你姐姐成为财务总监,小李的晋升通道被堵死。作为这家公司的老板,你也看到了问题。为了留住小李,你计划在公司实施股权激励,为小李开辟一条新的路径。你的姐姐会同意这个计划吗?如果你给小李5%的股权,那么给姐姐必然不能低于5%,毕竟亲疏有别。这样一来,姐姐又一次成为小李晋升的障碍。

所以,在公司做股权改革时,最重要的是"老人"和"亲人",这也是很多企业家舍不得触及的地方。但问题不解决,就很难保证股权激励的公平性。

股权激励制度的公平性

正如那句名言所说："不患寡而患不均。"在激励机制中，公平性是至关重要的。如果缺少公平，激励措施反而可能导致员工心理失衡。许多企业家对于实行股权分配感到担忧，害怕分配后员工会有所不满，原本积极的激励措施可能因此变质，好事变坏事。

在此仍以前面案例中留住老张为例，留住老张未必是一件好事。你以为给了老张5%的股权，是激励老张，但实际情况可能是老张在激励你。当年底业绩良好时，老张可能会鼓励你继续努力，希望来年能取得更好的业绩，让他拿到更多的分红。若某年业绩下滑，老张可能反过来责怪你管理不善。在这种情况下，原本意在激励的股权分配可能导致抱怨和不满。

更重要的是，老张买房、买车后本想过上安稳的生活，但为了工资、奖金和提成，他不得不继续努力工作以保住职位。然而，一旦你给了他5%的股权，老张即使不再全力以赴，也能在年底拿到5%的分红收益。这样看来，你实际上给了老张"躺平"的理由，而不是激励他更加努力地工作。

很多企业老板一开始都是简单地分股权，但分完后才发现股权激励的结果并不是自己真正想要的。方向不对，努力白费。

你给老张5%的股权，如果第二年公司的净利润还是1000万元，请问你的股权激励方案是成功还是失败了？答案是失败了。因为你的终极目标是公司的利润要增长，结果分完后发现公司的利润反而

04 股权激励

减少了。大部分企业其实是发展中企业，发展中企业求的是业绩的增长，所以老板希望分的是增量，而不是存量。

如果公司第一年的净利润为1000万元，第二年还是1000万元，在分给持激励股的副总50万元后，老板自己只剩下950万元。对于这种分配方式，老板是不满意的，而且也不能长久。既然如此，为什么还要把员工变成股东呢？**把员工变成股东后，公司赚的每一分钱都跟员工有关系，公司的净资产也与员工有关，因为股东能够享有公司的所有者权益。请大家一定要记住，把员工变成股东实际上是在分配现有存量。**

为什么有人还在建议将员工变成股东呢？这是因为最早的股权激励都是为上市公司和拟上市公司的员工设计的。上市公司是需要守业的，其业绩不太可能突然间大幅上升，它也不需要快速发展，而是追求稳定发展。因此，上市公司分配的主要是存量，而非增量。

下面举一个例子。假设某公司第一年业绩增长10%，第二年增长50%，第三年增长80%，这样的公司能上市吗？答案是很难。为什么？因为，如果公司的业绩增长过快，中国证监会可能会对其进行更严格的审查。因此，对于拟上市的公司来说，业绩增长过快不一定是好事，在上市前三年，公司的财务报表应展现出稳定增长的态势，比如，每年实现递增10%~20%，才符合好公司的标准。**上市公司并不希望员工开疆拓土，而是更加注重稳定发展，分配的是现有市场份额。**

对初创公司和发展中的公司来说，需要的是开疆拓土的人，是

有创业精神的人才。在这个阶段，公司不能把员工变成股东，应当鼓励他们成为创业者，跟员工分公司的增量。

大家是否注意到，普通员工晚上 10 点可能已经在享受休闲时光，与家人共度或沉浸在娱乐活动中，而身为老板的你可能仍在接待客户、筹划公司战略。为什么会这样呢？因为作为创业者的老板，你必须使出浑身解数来推动公司前行。身为老板，你可能会觉得自己无所不能，掌握了销售、研发、生产、售后和税务等方面的知识。然而，员工似乎显得能力不足。

实际上，这并非因为你的能力超群，而是因为你所处的位置迫使你必须掌握这些技能。作为承担全部责任的创业者，你必须竭尽全力维持公司的运营。相比之下，员工由于心态上的差异，可能没有相同的紧迫感和全方位的需求。他们可能以更轻松的"打工"心态对待工作，因为对他们来说，公司倒闭并不意味着个人的事业失败，他们可以立马选择寻找另一份工作。

因此，并非员工能力不足，也并非你有多么杰出，而是你们对待工作的态度和承担的责任截然不同。你以全力以赴的姿态投入其中，而他们则以雇佣劳动的心态在工作。

所以说，发展中的企业在做股权激励时，不要照搬上市公司那一套，找到适合自己的才是最好的。

04 股权激励

股权激励就是一个老板培养出一批小老板

回想一下,如果你是一个创业者,在创业的历程中,你最拼命的时候是哪个阶段?是不是在创业的早期?当企业发展进入稳定期,你也许开始追求更为安稳的生活方式。曾经为了拿下订单不惜陪客户喝酒喝到胃痛,现在可能因为胃痛就选择不喝了。这是否代表你也开始有所松懈了?

在进行股权激励时,并非所有的员工都需要或适合被激励。例如,某个员工刚刚因为旧房拆迁获得了一笔财富,普通的股权激励对他可能不太奏效(但可以考虑让他以财务投资人的身份参与)。你应该做的是从全体员工中挑选出几个或十几个人,让他们成为你的合伙人,一同成为创业者。这意味着你们将共享企业增长带来的利益。只有这样,你的股权激励计划才算真正成功。

现在我们常说的一句话是:我招的不是员工,而是合伙人。以前我们和员工之间是雇佣关系,这是一种层级关系,有总监、副总、经理。现在员工更希望和公司保持一种平等、合伙的关系,希望公司实行扁平化管理。你有没有发现,现在公司的主力成员多是"90后""00后",他们更希望与你保持平等关系。

怎么既能保持平等关系,又能起到激励作用呢?**一定要记住,要想让股权激励落地,一定要做两件事。第一是把员工变成创业者,分增量。第二是从雇佣制改为合伙制,从一个人到一群人,你要坚信,一个人永远干不过一群人。**

许多企业家实际上承受着巨大的工作压力,他们往往独自承担着大部分工作。通常情况下,老板个人要负责获取大部分客户,亲自监督各个流程,甚至连每一份合同的最终审批都要由老板来把关。作为企业家,你可能会发现自己身兼数职,包括业务员、行政人员乃至售后人员,几乎所有的事务都需要你亲力亲为。在这种情况下,似乎并不是你在"剥削"员工,更像是员工在"剥削"你。

更让你苦恼的是,你可能发现原先还能带动员工前进,但现在他们已经变得消极怠工,不愿主动承担责任,不再听从指挥。要改变这一状况,你需要将企业从依靠个人的"火车"模式转变为团队协作的"动车"模式,激发员工的主观能动性,让他们自发地投入工作。但如何实现这一点呢?关键在于理解人性:人们在为自己工作时才最有动力。因此,要想让企业转型成功,你需要给员工注入动力,让他们感觉到仿佛在为自己工作。这就是股权激励的作用。通过股权激励,员工能够分享到企业成长的红利,从而激发他们的积极性和创造力。

在此,笔者提倡让员工以股东的角色参与公司经营,共享利润,共担风险。许多公司在实施股权激励时,仅仅是每年给员工高额的分红,但这并不够。如果仅仅是为了分红,那么直接发放奖金不行吗?为什么要引入股权的概念呢?因为股权的含义远不止于分享利润,它还包含承担风险和责任。身为老板,你为什么晚上会难以入眠?这是因为赚了很多钱,兴奋得睡不着吗?不是,可能是因为害怕出现风险而睡不着觉,所以每一步都走得小心翼翼,如履薄冰。因此,只给员工钱无法让他感觉到在为自己干,你还要让他承担风险和责任。

04 股权激励

所以，当给予员工股权时，一定要让员工花钱买，不能无偿赠送。这并不是因为公司缺钱，而是为了让这些员工和你一样学会承担风险和责任，不能只有你一个人为公司的事夜不能寐，当你的员工也开始因为公司的事情夜不能寐时，就说明你的企业已经取得了成功，同时，你的股权激励方案也就成功了。

许多企业家可能会抱怨员工的能力不行，认为他们智商不够、情商太低、执行力差、小毛病一堆。但有趣的是，当这些员工离职出去自立门户，开设你的同业公司时，你会发现他们可能干得比你还出色。同一个人，为什么前后差别这么大？原因在于，他现在是在为自己打拼，有了压力和责任感，从而激发出之前未曾出现的潜能。

许多老板往往会忽视员工的成长空间。一个常见现象是，在老板擅长的领域，员工往往相对弱势。老板擅长研发，则研发部门可能较弱；反之，如果老板擅长销售，那么销售团队可能表现不佳。老板无形中剥夺了员工锻炼成长的机会，导致自己变成了多面手，而员工却没有得到充分的发展。**实施股权激励的目的就是为了让员工成长，让他们承担责任，而让员工承担责任的背后则是放权。**

许多企业家通常想要放权，又心存顾虑，其原因在于员工未被赋予相应的责任。若要真正做到放权，就必须让员工学会承担责任。为什么每一份合同都需要老板签字确认后，公司才会执行后续流程？这是因为最终承担责任的是老板，因此老板在审合同时必须格外仔细。如果员工被置于承担责任的位置，他们自然就会像老板一样认真审核合同。企业家要想促进员工的成长，就必须学会放权，而放权的关键在于让员工感受到责任的重量，只有这样，他们才能更加勤奋和有责任心，从而为公司的长远发展贡献力量。

有人可能会问：既然公司已经有了绩效考核、奖金制度和提成机制，为什么还需要推行股权激励？股权激励与现行的绩效考核体系有什么区别？

大家可以思考一下，不管是绩效奖金还是提成，至少都得在一年之内发放。也就是说，分配的是现在的钱。要知道，许多企业在发展阶段的资金是非常紧张的，恨不得把每一分钱都用在刀刃上。如果在年底把大量的钱分出去，公司就可能面临资金短缺、现金流紧张的情况；但如果不分，又可能影响员工的积极性，甚至无法吸引和留住优秀人才，因为发展中的公司既无法提供高额的年薪，也无法提供房屋或车辆作为福利。这就成了很多老板心中的一大难题，如何吸引和留住人才？一个可行的方案是实施股权激励计划。

股权激励分配的是什么时候的资金？是未来的资金。你会发现，大型企业和真正赚钱的企业很少实施股权激励，除非在上市时，企业为了让大家雨露均沾，需要实施激励，以平息内部可能出现的不满情绪。相反，亏钱的企业、资金紧张的企业或发展中企业和小企业更倾向于实施股权激励，这是为什么呢？因为如果你给不了别人现在，就只能给别人未来，即用未来的钱解决现在的事情。很多管理者没有充分认识到股权激励的长期价值，他们既不能提供即刻的报酬，也不能承诺可期的未来，在这种情况下，员工很容易认为在这样的公司工作没有前途。

接下来,让我们换一个角度来探讨这个问题。绩效奖金和提成分配的究竟是谁的钱?是员工的还是公司的?下面通过一个例子来回答。假设公司出台了一项提成政策,即业务员为公司拉来的客户订单可以获得2%的提成。比如,公司有一位销售总监,如果今年成交了2000万元的订单,那么他年底可以获得多少提成呢?40万元。

请问,从销售总监的角度来看,这40万元分配的是公司的钱还是他自己的钱?他可能会认为是自己的钱,因为这2000万元的订单都是他努力工作获得的。如果公司今年的净利润是500万元,而他拉来了2000万元的订单额,那么他年底可以分得多少钱?答案是40万元(本书分红举例均指不考虑未分配利润预留的理想状态)。进一步假设,即使他拉来了2000万元的订单,但公司今年亏损了500万元,那么他年底能分得多少钱?还是40万元。

这样一算,如果我是这名销售总监,心里只会想一件事情:我能从拉来的订单中获得多少提成?至于公司是亏还是赚,跟我没有关系,因为这跟我的利益没有直接挂钩。我的工作将完全以目标为导向,除了拉订单、拿提成,其他事情都不在我的考虑范围之内。

因此,一旦公司开始实施绩效考核等制度,部门之间便开始相互推诿,员工也变得越来越自私。每个人都严格按照自己的岗位职责行事,绝不做超出岗位职责范围的事情,即使是对公司整体有利但对自己不利的事情,也会坚决拒绝。员工的行为原则变成了"对我有利的我才做，一切以金钱为导向"。这时，老板会发现公司内部开始出现分裂，各种内耗和推卸责任的现象日益严重，各部门都只关心自己，整个公司似乎只有老板一个人真正关心公司的整体利益。

让我们回到前面的例子。如果我们换一种模式，比如，除了2%的提成，激励政策还包括公司的股权激励，那么这位销售总监就会开始关心公司的年度业绩，因为这直接关系到他年底的分红和收入。这种方式将员工的个人业绩与公司的整体利益紧密联系在一起。因此，对企业老板来说，一定要想清楚：你想让谁关心公司的利益，谁关心自己的业绩？只有想清楚了，才能知道在不同的层面上该如何去做。具体地说，**老板一定要学会把自己的"双手双脚砍掉"，中层管理干部要把"屁股砍掉"，基层员工要把"脑袋砍掉"。**

老板为什么要把"双手双脚砍掉"？这是因为不少老板习惯亲力亲为，结果往往是自己累坏了，而员工却没得到锻炼和成长的机会。当老板"砍掉双手双脚"后，就不得不更多地运用头脑去思考，用嘴去说，而且说出的话还要确保别人不仅听从，还会照做。中层管理干部为什么要"砍掉屁股"呢？这是因为许多中层管理干部常常陷于文案工作，而忽视了与客户沟通，他们应该多了解市场。基层员工为什么要"砍掉脑袋"呢？这是因为对基层员工而言，最重要的就是执行力，要全力以赴地执行上级的命令。

所以说，不是所有的人都需要做股权激励计划，基层员工用岗位说明书和绩效考核没问题。但是高层管理者就要用股权激励计划了，这些人的行为和决策都跟公司的整体利益息息相关，激励的目的是让他们所有的思想和行为以公司的结果为导向，而不是仅仅以他们个人和他们部门的结果为导向，他们要关心整个公司的利益。

很多老板在开会的过程中时常会感到困惑。当他们表述完自己的观点后，会场上可能一片寂静，尽管提出的计划表面上得到了一致赞同，但在实际操作过程中，却发现部门之间各有心思。为什么会出现这种情况？很大程度上是因为高管和老板的关注点并不完全一致——老板着眼于整个公司的利益最大化，而高管或许更侧重于自己部门或个人的私利。即使老板制定的策略无比完美，也很难在公司内部得到有效贯彻，因为缺乏必要的支持与配合。这时，老板才深刻体会到身为决策者的孤独。对中高层管理团队实施股权激励的目的是将他们的利益与老板的利益绑定，让他们成为老板实现愿景的得力助手，从而确保老板的战略能够真正落地。

股权激励的三大作用

股权激励的重要性相信大家都知道了，接下来我们说说股权激励到底能用来做什么。换句话说，就是股权激励的作用是什么？

股权激励有以下三大作用。

第一大作用：吸引人才。

你们公司的骨干人才主要从哪里来的？是从外面"挖"来的多

还是内部培养的多？"挖"来的和内部培养的哪个更好呢？笔者的看法是：最好以外面"挖"来为主，内部培养为辅。为什么这么说呢？因为培养人才会面临两大问题。

首先，公司花费3到5年的时间精心培育出一名优秀人才后，很可能这个人被其他的公司挖走，或者自行选择离职或创业。很多企业家费尽心思培养人才，最终却发现自己的公司成了行业内的"黄埔军校"，因为他们的竞争对手往往是从自己公司走出去的。

其次，在这个快速发展的时代，不再是大公司慢慢并购小公司，而是灵活快速的公司超越那些反应迟缓的公司。如果你花了3到5年去培养一个人，等你培养好了，很有可能这个行业已经发生了翻天覆地的变化。因此，时间是企业运营中最宝贵的资源，凡是能用金钱解决的问题，就不要浪费时间去等待。

大家认真思考一下，中国在诸多关键领域的突破是怎么实现的？近年来，哪些城市的GDP增长率最高，它们又是如何实现的？答案其实都围绕一个核心——发掘人才。拥有人才，就等于拿到了通往成功的钥匙。因此，企业发展尤其是对于中小企业和正在成长的企业而言，学会从外部吸引和发掘人才是至关重要的。而且，企业最佳的人选往往来自大企业，因为当你从大企业成功引入人才时，你也随之获得了那个人所积累的经验以及背后的资源网络。

既然引进人才对企业的成长至关重要，那么问题来了，企业应该如何有效地去吸引和挖掘人才呢？

04 股权激励

从 20 世纪 80 年代起，中国经历了三次重大的人才流动浪潮。

第一次浪潮是发生在 20 世纪 80 年代的"下海潮"。许多公务员离开了体制，他们通常面临两个选择：一是自主创业，二是给已经富起来的个体工商户和小商贩们打工当合伙人。那些早年从国外进口商品并在街头售卖的人，一天的收入往往相当于普通人一年的薪水。这批人迅速积累了财富，随后到来的"下海潮"使得这些曾经的小商小贩在合伙制后成了有组织、有规模的企业家。

第二次浪潮是出现在 20 世纪 90 年代末的"下岗潮"，国有企业和中央企业的管理人员纷纷下岗再就业，他们大多选择了创业或者加入私营企业。许多私营企业借此机会吸纳了这批人才，从而迅速成长为国企和央企的配套供应商。

如今，我们正迎来第三次人才流动潮，即大公司、大企业、互联网大厂的"裁员潮"。这些被裁的员工面临着以下两条路。

第一，自主创业，从事为大企业提供配套服务的工作，这些人成为中小企业的强劲对手，因为他们拥有专业的训练、广阔的视野和丰富的资源。

第二，降维就业，即加入中小企业。例如，某大公司前员工李某在被裁员后询问中小企业老板张总能提供多少年薪，张总表示可以支付 100 万元。实际上，李某虽然想去张总的公司，但由于心理上的障碍，他可能会拒绝这个机会。因为在李某看来，即使 100 万元的年薪已经相当可观，但低于其在大公司时的收入水平，他担心在朋友圈中会因此被人看低。

怎样才能让张总成功聘请到李某呢？关键在于股权。张总可以这样提议："我可以提供80万元的年薪，同时提供80万股作为激励。"这样一来，李某的自尊心得到了满足，他可以跟朋友们骄傲地说："我选择加入张总的公司并不是因为钱，我现在已经成为合伙人，而不只是打工者。"因此，对于当前的人才流动潮，只要你准备好股权这棵"梧桐树"，自然能吸引到优秀的"金凤凰"。

这些"金凤凰"型人才很可能会为你的公司带来丰厚的业绩，甚至带领你的公司在技术上实现重大突破。此外，他们也可能帮助你大幅提升公司的内部管理水平。如果没有这波"裁员潮"，你可能很难吸引到这些人才，即便有机会，也要付出巨大的成本。现在这些人才由于降维就业的现状，面临着激烈的市场竞争，正是中小企业抓住机会引进他们的大好时机，错过了这波热潮，短期内很难再有这么好的机会了。

股权的确能吸引人才，但作为老板的你也要做好必要的准备。比如，你需要明确公司总经理（提示：在《公司法》中并没有"总经理""副总经理"等词，而是"经理""副经理"，但现实中为了区分"部门经理""部门副经理"，一般称呼"总经理""副总经理"。为了便于理解，本书采用通常的表述方式）和总监分配的股权数，要将这一规划具体化。如果没有准备，挖掘人才的时候就可能会遇到问题。例如，李某可能会问张总："这80万股什么时候给？是现在给还是两年后给？是否需要我出资购买这80万股？如果需要，要支付多少资金？这80万股是否与业绩考核挂钩？"如果张总没有提前做准备，这些问题可能一个都回答不上来。如果回答不上来，李某可能就不愿意加入，他会觉得张总可能是在欺骗他。所以张总要把这些都提前准备好，一旦被问及，就可以让李某知道张总不是在给他"画饼"，而是有切实可行的方案。

第二大作用：留住人才。

人才离开公司往往是因为他们在公司内部的职业发展遇到阻碍。通过实施股权激励，我们可以构建一个留住关键人才的机制，为他们打通职业上升通道，从而破解人才流失的难题。

第三大作用：激励人才。

企业需要提升员工的工作积极性，将员工转变为具有创业精神的合伙人，并共享公司增长的红利。这种"分增量"的做法能够激发个人和团队的活力，促进公司从传统的规模化扩张模式转变为更加灵活和高效的创新驱动发展模式。

股权激励的四大步骤

下面先给大家讲一个故事，通过这个故事，大家就能知道股权激励的四大步骤了。我们都知道，秦始皇统一了六国，但这并不是他一个人的功劳，而是几代秦王共同努力的结果，始于秦孝公重用了一个人才——商鞅。商鞅变法中有一条大家熟知的重要法令——奖励军功。从六国统一到奖励军功，实际上可以看作将秦王的战略目标进行了拆解，是对秦朝的股权做的一轮股权激励。

股权心法

接下来，让我们拆解一下商鞅变法背后的操作步骤。首先，秦王有没有梦想？有。秦王的梦想就是统一六国。因此，作为企业家，你做股权激励计划的第一件事情就是制定公司的战略发展规划，至少要有 3~5 年的战略规划，确保公司未来 3~5 年的发展方向是明确的。如果没有战略发展规划，你的股权激励计划就是空中楼阁。

假设你们公司有一个 3~5 年的规划，其中第一年的目标是销售额达到 1.6 亿元，3 年后的销售额达到 3 亿元，5 年后的销售额达到 6 亿元。那你第一年的股权激励方案应该如何制定呢？你需要围绕如何实现 1.6 亿元的销售额来制定方案，比如，需要配备哪些资源？打通哪些渠道？把哪些人才引进来？如何拆解 1.6 亿元的业务指标？如何调动大家的积极性来实现这个目标？把这些问题都想清楚了，第一年的激励方案也就制定出来了。

然后，通过制定为期 5 年的战略发展规划，可以相应地设计针对员工的 5 年激励计划。在接下来的 5 年里，你需要清晰地规划每年如何留住关键人才、招募新人才，以及设立哪些子公司，开拓哪些市场渠道，同时还需设定严格的业绩考核标准。**因此，任何企业在考虑实施股权激励计划之前，首要任务是清晰地界定自己的长期战略目标**。这些目标将作为股权激励计划的基石，有助于吸引、稳定和激发关键人才的潜力，从而确保公司业务的持续增长和未来的成功。

笔者曾指导过一位从事社区服务的学员。当时，他们公司的年度服务总额大约为 2000 万元，而老板的目标是在三年后达到年服务额 1 亿元。他们以人均服务额作为考核标准之一，当时这个数值约为 70 万元，而老板期望三年后每位员工平均能贡献 150 到 200

万元的服务额。另外一个评估标准是要求核心高管每人至少在新区域建立一家项目公司。从这个规划中可以看出，他们将业绩指标设置为不同的考量维度。

对企业而言，营业收入和市场占有率都是衡量绩效的关键指标。特别是在企业寻求融资上市时，投资人往往非常看重市场占有率。此外，这位老板期望每个员工都能在新区域开设一家项目子公司，这与前面案例中知名餐饮企业家Z的理念不谋而合。

餐饮企业家Z（见本书第3章的案例）曾被问及成功的原因，这位企业家将自己的成功归结于一个简单的原因：他曾经是一名体制内的员工，每月收入仅百余元，然而他发现街头摆摊卖麻辣烫的小贩每天能赚200元。于是，他与三位朋友凑足8000元，合伙开了一家仅有四张桌子的小火锅店。在那个时期，随着人们收入的增长，外出就餐成为新的消费需求，因此火锅店的生意不错。企业家Z开火锅店的初衷其实很朴素，因为在单位里无法获得住房，他希望通过自己的奋斗赚到钱买房买车。经过两年的辛勤工作，他终于实现了自己的梦想。

之后，他开始思考如何帮助跟他一起打拼的伙伴们实现同样的梦想。单靠一家店的利润显然不足以支持大家买房买车。于是，他提出了开设分店的想法：任何想要买房买车的伙伴都可以出去开分店，作为店长，他们可以从分店的利润中获取股权收益，进而实现各自的买房买车目标。事实上，所有的员工都怀揣着和企业家Z一样的梦想：拥有自己的房子和车子。

不知道大家发现没有，在餐馆里，谁是最热情的服务员？答案通常是老板娘。无论你走进哪家夫妻经营的小店，老板娘总是那个最热心肠的人，她会帮你擦桌子，询问你是否需要喝水，是否需要泡杯茶或者来杯冰可乐。她会向你推荐本店的特色菜品，还可能赠送你一些小菜，或者给你打折。

在企业家Z的店里，每个服务员都像"老板娘"一样尽职尽责，他们无须老板多加督促，因为他们工作的动力源自自身。有些做餐饮的老板需要费尽心思管理店铺，一个老板通常需要管理几十家店。相比之下，企业家Z则无须过分担忧，他投资后，员工们便会按照既定模式自我管理。其实，员工和老板有着相似的心态，只要给予员工合适的机会和平台，他们也能发挥所长，成就一番事业。关注员工的成长，实际上也是在促进公司的发展。如果老板只关心自己的盈利，那么公司很难取得持久的成功。相反，如果老板设身处地为员工着想，希望帮助他们实现买房买车的梦想，那么企业才有可能蓬勃发展。股权激励其实并不复杂，股权永远关乎人性。只有深入理解人性，才能成就伟业。

请尝试为你的公司草拟一份简洁的3至5年的发展规划，专注于营业收入和利润。你期望在这3年或5年内将公司带向何方？设定具体的流水和利润目标。

让我们再次回顾商鞅变法的例子。商鞅通过简化秦王的梦想——统一六国，使之变得更具有操作性和相关性，向士兵们传达了核心信息："你们的任务是杀敌，每攻下一座城池，就离我们的共同目标又近了一步。"当每个士兵都为了这个简单明了的目标努

04　股权激励

力时，最终累积的效果就是秦王统一天下的梦想得以实现。

所以，在股权激励的框架中，第一件事是统一目标，确保所有人的努力方向一致。第二件事是对这个目标进行拆解。许多管理者会将目标设定为年度指标，但这样的颗粒度还不够细，应该进一步细分为月度目标，这样才能更好地跟踪进度并及时调整策略。

为什么要将目标分解到每个月？假设你给一个人定的目标是8000万元，结果这一年他只完成了6000万元，你会发现这个目标定高了。到了年底，总结一下过程中有哪些问题，这叫什么？叫事后诸葛亮。你会发现总结时只能靠猜，你把这一年的时间都荒废掉了。所以说要把目标分解到月。

当员工该月没有完成目标时，老板在第二个月是否要做出调整？分析是这个员工有问题，还是老板分配给这个员工的资源有问题？或者是老板设定的目标有问题？如果实在无法分解到每个月，至少也要分解到每个季度。此外，目标不能只分解到部门或团队，而要分解到个人。因为员工是以个人名义持股的，他个人的目标与他的股权和利益挂钩。

有人问：我们已经将目标分配给了个人，并且承诺给予员工相应的奖励，但是员工仍然不愿意执行或配合，应该如何解决？

要理解为什么员工不执行，首先要考虑的是目标是否切实可行。例如，商鞅设定的目标非常简单明了，只需要士兵们杀敌即可。但在现实中，一些企业设定的目标可能过于宏大和模糊，比如要求员工在一年内完成8000万元的业绩，却没有提供具体的方法和策略，不具备可行性，这样就很难激励员工去实现。其次，奖励机制可能过于遥远。例如，承诺员工完成8000万元的业绩目标就激励5%的股权，或200万元奖金，但员工只要一想到8000万元的压力，股权或奖金变得遥不可及，激励效果大打折扣。

人类天生倾向于即时的满足感。以游戏为例，无论是儿童还是成人，都乐于投入其中，因为游戏往往伴随着即时的奖励——你每砍一刀，怪物就会立即掉落金币或装备。这种持续不断的即时回馈机制激励着玩家继续参与和挑战。在现实生活中，困难和挑战性的任务，如学习和复杂的工作项目，往往需要延迟满足感才能完成。而简单的活动通常伴随着即时奖励，这让我们渴望即时的满足。

因此，员工并非不渴望股权或高额奖金，而是这些奖励对他们来说遥不可及。为了解决这个问题，可以将这些长期奖励细分为每个阶段的即时激励。比如，如果员工完成了某项任务，他们当天就能得到一定金额的奖励（比如1万元）。这样的即时回馈能够有效地刺激员工的积极性。

至于激励的频率，建议每个月进行一次。比如，公司可以每月举办一次股权激励大会，表扬和奖励表现优异的员工。站在领奖台上的员工会想："下个月我还想站在这里。"而其他员工则会暗下决心："下次我要争取成为第一名。"这样就能营造一个积极向上的竞争氛围，激励着每个人不断进取和努力工作。

实际上，所分的红并不需要很多，重要的是它代表了一种认可

04　股权激励

和荣誉。因为人是具有社会性的动物，那些总是排在末尾的员工，在这种环境下，就会觉得难以在公司立足，从而选择离职。

这就引出了股权激励要做的第三件事：即时激励。

一些人可能会提出疑问，公司里有不少资深员工，即便给予金钱奖励，他们也提不起劲来，只想"躺平"。这并不是因为他们不再看重金钱，而是因为他们的能力已经达到了极限，他们已经使出全力，再怎么努力也无法显著提升业绩。

许多企业常常试图激励这些资深员工，但实际上，他们可能并不是真正需要被激励的对象，因为他们已经竭尽所能，你无法再激励他们超越目前的水平。另外，有些员工即使给了钱也不愿意努力，这可能是因为他们不想再赚辛苦钱了，这部分员工里的高级管理人员偏多，他们认为："不是我不想领这份奖金，而是我不想再去赚辛苦钱了。你希望我能像以前那样拼命工作，但我已经做不到了。我希望你能提供一种方式，让我即使不那么辛苦也能赚到钱。"对于这类人群，就需要实施股权激励的第四件事情。

在某些公司中，能力越强的员工，越不愿意分享自己的经验和资源，这是因为他需要靠老客户支撑自己的收入，担心传授后面临"教会徒弟饿死师傅"的风险。因此，**股权激励要做的第四件事，就是建立一个"教会徒弟喂饱师傅"的人才裂变机制。**

让我们来看看商鞅是如何处理这一问题的。假如你身处秦国，作为一名士兵，当你杀死了一个敌人之后，你的下一个目标是什么？也许是杀死十个敌人吧。在杀死十个敌人之后呢？也许你会想要杀死一百个敌人。然而，杀死一个敌人可能很容易，杀死十个敌人也可能在比较勇猛的士兵的努力下得以实现，但对普通士兵而言，杀死一百个敌人是一个巨大的挑战，你该怎么做？

若要解决这个难题，你就需要组建一个团队，并招募其他人加入你的阵营，共同对抗敌人。为了确保团队快速达成目标，即消灭一百个敌人，你必须首先分享你在之前消灭十个敌人的经验与技巧。那么问题来了，你的队友为什么愿意跟随你并肩战斗呢？答案在于他们会得到来自你的经验和技能的分享，以及战利品的分配，即"教会徒弟"。

在商业世界中也是如此，许多企业的高级管理人员之所以难以被激励，不愿意传授自己的知识和分享客户资源，是因为他们担心"教会徒弟饿死师傅"。如果你能创建一个系统或机制，确保"教会徒弟"的同时也能"喂饱师傅"，那么你就能在企业内部实现人才裂变的效果。这种机制鼓励经验丰富的员工分享知识，帮助新加入的员工成长，同时确保老员工通过这种方式也能获得相应的收益和回报。

设计股权激励方案的七个痛点

在设计股权激励方案时，通常会有七个痛点，只有解决了这七个痛点，我们才能做好股权激励。

04　股权激励

第一个：不想分。

很多老板不想分配股权，因为他们认为分配股权等同于割自己身上的肉，分配出去的都是自己的钱。问题是如何有效地分配股权？应该分配股权还是分配股份？如何分配股份？

第二个：不敢分。

老板们担心分配不均，每个人都认为自己干得多分得少。如何让每个人都感觉到公平？

第三个：分给谁？

在公司中，老人求安稳，新人求发展，老人怎么分？新人怎么分？亲属怎么分？对不同的人群应该采用不同的分配方式。

第四个：如何估值？

如何基于公司的财务报表算估值、算定价、算股数？

第五个：分多少？

应该拿出多少股权来分配给员工？分配过多或过少都不理想。

第六个：请神容易送神难。

如何设定考核和退出机制？如何设定容错和纠错机制？

第七个：股权激励如何落地？

汝之蜜糖，吾之砒霜。上市公司披露出来的激励"蜜糖"，用在非上市公司也许就是"砒霜"；适合著名企业的，不一定适合新设企业。也就是说，同一件事对不同的人可能有着截然不同的意义。

接下来，本书将介绍多种股权激励方法，大家无须逐一掌握，找到适合自己的方法才是最好的。

05

股权激励实操六个步骤

在实施股权激励计划时，通常需要经过六个步骤，分别是**确定股权激励主体、设定股权激励价格、定义股权激励时间表、选择股权激励工具、设置股权激励比例和制定股权激励操作流程。**

确定股权激励主体

当公司开始实施股权激励计划时，首先要确定的是应该授予员工哪家公司的股权。这通常涉及对家族公司、平台公司、主体公司和项目公司的考量。这是首要考虑的一个问题，因为在股权激励计划中，"持股主体"决定了员工将在哪家公司持有股权。

在确定持股主体之前，需要考虑以下几个关键问题。

· 激励对象的社保和人事关系在哪家公司？

· 激励对象在哪家公司开展业务和贡献业绩？

· 哪家公司创造了最大的利润？如果有的公司利润不高，如何通过激励来促进其增长？是否需要通过合并财务报表让这家公司分享其他公司的利润？

· 哪家公司具有更广阔的发展前景和股权增值空间？员工更倾向于投资生产型公司还是科技型公司？

确定好让员工在哪家公司持股后，接下来就要考虑让员工通过什么样的方式持股，其股权激励形态有以下四种。

第一种：直接持股，即允许员工使用自己的身份证直接持有公司的股权。这种方式对公司而言风险较大，因为持股人将拥有签字权和表决权。因此，并非所有的员工都适合使用身份证直接持股，只有少数人适用于此种方式。例如，公司的创始合伙人、一些核心技术人才和技术专家，他们可能不愿意加入有限合伙企业，而是更倾向于使用身份证或以个人名下公司的形式直接持股。换言之，用身份证直接持股的人应对公司有认同感和归属感，与公司同心协力，并将公司视为自己的家，对于这些人，直接持股是对他们身份和贡献的一种认同。

第二种：有限合伙。通常，员工会作为有限合伙人持有有限合伙企业的财产份额。在这种安排下，员工的决策权和表决权会受到限制，仅保留收益权和增值权。这意味着员工可以在企业分配利润时获得收益，但不会参与公司决策。通过这种方式，公司可以确保员工享受到投资带来的经济利益，同时保持公司的管理控制权在更核心的团队手中。

第三种：持股公司。将联合创始人和合伙人纳入一家专门的持股公司，可以在他们与实际运营的公司之间建立一层屏障。

第四种：股权代持。由于某种原因不便公开持有公司股权时，一个有效的解决方案是与这些客户签署股权代持协议。这样，他们就可以在不公开身份的情况下合法享有股权所带来的权益，从而实现激励目标的同时保护了客户的隐私。

上述四种股权激励形态各有优劣。在制定股权激励计划时，需要仔细考虑哪些人员应该直接持股，哪些人员应该通过有限合伙企业的形式持股，哪些人员应该在持股公司持股，哪些人员只能签署代持协议。

说到有限合伙，它的起源十分有趣。有限合伙的初始形态可以追溯到一种经常接受社会捐赠的组织，这些组织收到的捐赠金额时常超出其日常运营所需。为了有效地利用这些额外资金，该组织会选择将资金投资于公益事业，如医院和孤儿院等。然而，由于管理者缺乏财务管理或投资经验，他们通常会聘请专业的投资经理来管理资金和执行投资决策。

下面举例说明。假设组织有1亿元资金，现在拿出1000万元交给职业经理人进行投资和理财。对于赚取的利润，一部分用于回报职业经理人，一部分再投入公益事业。如果投资亏损，比如，亏损5000万元，债权人可能会找职业经理人索要欠款。由于这种组织通常受人尊敬，因此被债权人堵在门口索要欠款非常有损身份地位。

为了解决这个问题，组织和职业经理人之间建立了一种被称为"有限合伙"的规则。该规则明确规定，组织只对其投入的1000万元资金承担责任，其余所有的责任都由职业经理人承担，同样赋予了职业经理人在有限合伙说了算的决策权。这样，组织通过让渡管理权和决策权，有效地将自身的债务风险降到了最低。

后来，这个规则扩展到更多的层次，形成了我们今天熟知的公司结构。在公司制度下，公司的注册资本可能仅为10万元，即使公司对外欠债1亿元，也只需偿还10万元，这体现了有限责任的特点。

有限合伙企业与有限责任公司的本质区别在于，在有限责任公司中，谁投入的资金多，谁的股权比例大，权力就大；而在有限合伙企业中则取决于谁是普通合伙人，谁就需要承担无限责任，并拥有大部分事务的决策权。理解了这一点，就能明白为何要让员工以有限合伙人的身份在有限合伙企业中持股了。（需要注意的是，有限责任公司受《公司法》约束，而有限合伙企业则受《合伙企业法》约束。）

在确定了股权激励形态之后，接下来就要考虑应该将股权分给谁。公司与员工之间的关系可以根据亲密度分为以下三类。

第一类是强关系，他们通常是公司创立之初就跟随老板的那一群人，与老板有着密切的"五同"关系（同学、同事、同志、同行、同乡）。这类人群因为对老板的信任而跟随老板共创事业，他们在公司面临内部纷争时，往往是最支持老板的一群人。对于这部分人，给股权是毫无疑问的，因为他们对老板的信任和忠诚是无价的。

第二类是弱关系，即老板引入的一些外部人才。这些人的能力很强，资源也丰富，但他们不像"五同"圈子那样对老板绝对信任和忠诚。他们是老板的第二拨合伙人，也是公司的中坚力量，还是未来发展的重要推动力。如果这家公司遭遇瓶颈，很可能是因为老板还没有吸引到足够多的这类人才。

第三类是职业经理人。几乎任何企业都包括核心合伙人、卓越人士和职业经理人，这三类人分别对应企业的初创期、成长期和成熟期。在进行股权激励时，需要根据公司所处的阶段来确定激励对象，而不是一开始就实施全员持股。如果是初创期，则重点激励"五同"关系的人；成长期则要吸引卓越的人才；成熟期则需要从基层和中层选拔人才，为员工建立晋升通道。

在决定哪些员工能成为股权激励的对象时，我们还需要考虑一个问题：在授予员工股权时，是只考虑公司的需求，还是公司和员工的需求都要考虑？事实上，两者都要考虑。很多老板在做股权激励时只考虑公司的需求，思考自己需要什么样的人就激励谁，这是不正确的，因为并非所有的员工都愿意接受这种激励方式。那么，如何确保股权激励方案能有效落地？必须首先考虑员工的需求，每个人的需求是不一样的，如果他想要一个苹果，而你给了他一个梨，那么这个激励计划注定就是失败的。

按照人的需求差异，我们可以把人分成五类。

第一类是关注基本生理需求的人。对于刚步入职场的新人来说，他们可能对股权激励不感兴趣，更倾向于获得直接的金钱报酬。这是因为他们的基本需求（如租房、交通、饮食和娱乐等）是当下最紧迫的需求。尽管这类需求看起来比较容易满足，但实际上这些需求具有一定的弹性，比如，他们可以选择合租或者整租，选择坐地铁或者打车，选择便宜的快餐或者昂贵的自助餐，等等。因此，这类人群实际上较难被激励，因为他们的需求范围有很大的变动余地。

第二类是注重安全需求的人。一般而言，年龄在30到35岁之间的员工往往最有冲劲。这个阶段的很多人已经买房买车，面临着还贷的压力，或者已经有了孩子，需要支付奶粉钱和教育费用。如果这个月没有发放工资或奖金，他们可能会陷入困境，无法支付房贷、子女教育费或是车辆维护费。这类人群因为对安全感的强烈需求，变得相对容易被激励。相较于其他员工，他们在遭受批评后更可能选择留下，而不是离职，因为他们不仅有强烈的赚钱欲望，而且在职业发展上有较强的晋升诉求。

企业要想做增量，就要把重点放在注重安全需求的人身上。相对于股权的增值，这类人更看重分红权，因为他们需要立即或短期内的回报，比如，这个月、这个季度或这一年内的收益。老板可以看一下自己公司的员工花名册，找出那些注重安全需求的员工，了解他们需要还多少贷款、每年要给孩子交多少学费、是否计划换车或换房，然后针对他们的这些需求，用分红权来激励他们。

第三类是寻求归属感的人群。当员工年龄增长至35岁以后，他们可能会产生不安和迷茫，此时他们或许已经完成了买房买车的人生大事，存有一些积蓄，可能会考虑是否要维持现状或追求更高的台阶，比如跳槽或创业。对公司而言，这类员工的离职风险较高，因为公司对他们的投资较大，离职将带来很大影响。对于这些员工，单纯的奖金和提成已不能满足，公司需要通过提供股票期权的方式来激励他们，将他们的利益与公司的发展紧密相连，从而增强他们的归属感，让他们觉得是在为自己工作。

第四类是寻求尊重的人群。对于那些年龄在45岁以上且为公司服务超过10年的员工，公司需要让他们感觉到自己不仅是打工者，还是合伙人。他们需要的是尊重和认可，例如，进入公司时的问候或是乘坐电梯时的礼让。对于这类人，不应再授予期权，而是让他们在有限合伙企业中持有实股。在股东会会议上邀请他们发言，让他们感到自己受到尊重。这类人通常还有很强的荣誉感和自尊心，他们也许不那么在乎收入，而更在乎自己在公司里的地位和成就。为了维护自己的颜面，他们可能会更加努力提升业绩。对于这种人，物质激励不再是最佳方案，精神上的荣誉和认可是更为有效的激励手段。

第五类是公司的核心成员。这些人是在公司遇到困难时愿意不惜一切代价支持公司的关键人物，他们追求的是自我价值的实现。要让员工成为核心成员，需要对他们进行考验。那些在公司危难时刻愿意抵押房产去投资公司的人，无疑是公司的核心层。对于这种人，应该让他们直接持股。

> 总结一下：注重生理需求的人，给工资加提成；注重安全需求的人，给分红权；注重归属感的人，给期权；寻求尊重的人，给实股；而对于追求自我价值实现的人，让他们直接持股，赋予"联合创始人"或"创始合伙人"的称号。

这里再次强调：老板必须深入了解员工的需求。公司都有财务报表，但有多少公司会编制人力资源报表呢？了解员工的需求是至关重要的，你需要知道哪些员工近期有购房或换车的需求，哪些员工的房贷还有多少未还。只有清楚地了解他们目前的需求，你才能够为他们提供针对性的激励措施。有的员工表示想要自己创业当老板，那就考虑为他们开设分公司或子公司。有的员工想要换房子，那么可以为他们设定明确的目标，告诉他们只要达到某个业绩标准，就能够实现换房的愿望。这样一来，为了达成这个目标，他们会更加努力地工作。因此，公司拥有人力资源报表是至关重要的，它可以用来跟踪员工的需求和职业规划，避免出现员工突然离职而你却不清楚原因的情况。

以上的分类是从员工需求的角度来进行的。

如果换一个角度来看，从公司的需求出发，则可以把人才分为三个层级。第一层级是核心决策层，包括董事长、总经理、副总经理等，他们负责公司的战略方向，是首要的激励对象。第二层级是管理层和技术层，他们负责公司的战略执行和日常运营，是次要的激励对象。第三层级是骨干层，包括年度考核表现优异的员工、对公司有特殊贡献的人、拥有特殊技能的人才，以及长期培养的市场稀缺人才等，他们因为较高的附加值和不可替代性，是第三层级的激励对象。

在做股权激励时，我们应该从最信任的身边人开始做起。如果连自己身边的人都无法影响和说服，又如何能够去影响和说服更多的人呢？因此，企业要想取得成功，就应该从"五同"关系网开始进行激励。

设定股权激励价格

在确定了激励主体和激励对象之后，最关键的步骤就是设定股权激励的价格。对于非上市有限公司，一般的估值方法包括市盈率法、市净率法和市销率法，这些方法通常由专业投资机构用于评估对公司的投资价值。然而，对于内部员工激励来说，建议使用一种更简洁、高效且直接的估值方法——员工内部估值定价法。

我们来看一下这家公司的财务状况。公司的注册资本是2000万元，净资产是4000万元，上一年的营业收入是1亿元，净利润是1000万元，净利润率是10%。

首先，我们可以计算出公司的保守估值，这是通过净利润乘以一个倍数得出的。在这个例子中，保守估值是1亿元（即净利润1000万元乘以10倍）。如果公司停止运营并注销，股东最多能收回的资金是4000万元（即净资产）。然而，如果出售公司的股权，潜在的价值可能远高于清算价值，因为买家愿意支付未来多年利润的现值。这就引出了一个问题：这家公司是产品值钱还是股权值钱？显然，股权更有价值。企业家应当意识到，公司的终极产品不是商品或服务，而是股权。

我们进一步思考，假如这家公司是有限责任公司，其股权总共是100%。如果创始人将10%的股权授予了一位副总，那么创始人手中剩下的股权就是90%。两年后，如果需要再授予另一位新聘的销售副总10%的股权，通常做法是由创始人出让这部分股权，这

05 股权激励实操六个步骤

样并不会减少先前授予那位副总的股权份额。在这种情况下，创始人手中的股权比例不断减少，每次分配都像是在"割肉"，股权越分越少。**大多数公司在分配股权时就是如此，分的是股权，其实我们应该分股份，因为分股份才能越分越多。**

若要分股份，公司就需要进行股份制改革（简称"股改"），通常意义上的股改是公司准备上市前的必要动作。但这里说的**股改并不一定需要在工商行政管理部门办理变更登记，因为有一种方法叫作"虚拟股改"，它不需要工商登记。**

进行虚拟股改的第一步是计算公司的总股数。根据《公司法》和《证券法》，股份的划分通常基于注册资本和净资产两项数据。对于这家注册资本为2000万元的公司，如果将高于净资产的部分视为未分配利润，并且股东不打算将这部分利润用于未来的员工激励，那么总股数可以设定为2000万股。如果公司选择按照净资产来虚拟转增股本，即虚拟转增后的股本等于净资产，那么总股数可以设为公司的净资产值，假设这家公司选择这样做，总股数则为4000万股。

确定总股数之后，第三步就是计算每股价格（股价）。你会发现上市公司的股价不同，有的是2元/股，有的是8元/股，有的甚至高达100元/股，股价并不是老板随意设定的，而是通过公司估值除以总股数得出的。假设这家公司的估值为1亿元，总股数为4000万股，那么每股价格就是1亿元除以4000万股，即每股为2.5元。

综上所述，确定股价需要计算三个要素：首先是股数，即确定以注册资本或净资产为股本，得出股数；然后是估值，通常为公司的净利润乘以 10（这只是一个一般的估值方法，不同行业、公司及其发展阶段会有差异）；最后是股价，即用估值除以股数得出的结果。

一旦公司的股价确定了，接下来需要考虑是将股份免费赠予员工还是出售给员工。如果要出售，那么最合适的价格是多少？是否可以根据不同员工的情况设定不同的价格？是否需要对员工购买股份的金额设置上限？这些问题将在后续的内容中探讨。

定义股权激励时间表

股权激励可以在任何时候实施，但不同的发展阶段需要采取不同的方法。从资本运作的角度来看，一家企业的发展可以分为若干阶段，如创建期、天使轮、A 轮、B 轮、新三板挂牌和 IPO 上市等。在不同的阶段，股权激励的对象和方法也会有所不同。

在创建期，股权激励主要针对创始团队的核心成员。这时候可以给予几个合伙人一定的股权。到了天使轮、A 轮和 B 轮阶段，除了继续激励业务骨干，还建议采取期权或者期权加分红权的方式。在新三板挂牌前，可以设立一个有限合伙的持股平台，纳入部分核心员工。等到 IPO 上市前，需要再进行一轮股权激励计划的实施。

在授予股权时，通常不是一次性完成的。为了确保激励对象的表现符合期望，通常会设置 1 到 2 年的等待期。在这期间，激励对象的表现将被评估和考察。如果一切符合预期，第三年开始授予部分股权。例如，计划授予 10 万股，可以在第三年授予 3 万股，第四年授予 3 万股，第五年授予剩余的 4 万股。这种分期授予的方式有助于确保激励对象持续为企业创造价值。

不同阶段股权激励七步法

第一步被称为"牛刀小试"。对于刚加入公司的员工，不应该立即给予股权激励，而是先发放部分奖金，并留存一部分奖金用于购买公司的股权。例如，如果有 10 名员工，每人预计发放 10 万元奖金，那么可以在年前每人发放 7 万元，每人剩余的 3 万元（总计 30 万元）用于购买公司的股权，成立一个股权池，然后将该股权池获得的分红分配给这 10 名员工。

第二步被称为"内部创业"，即部门公司制。几乎每一个到 30 岁的人都有一个创业梦。但他自己出去创业，既没资源，又没资金，还害怕失败。这时，老板可以把他们所负责的部门当成一个独立的公司来运作。比如，这个部门今年的投入需要 200 万元，那么公司只投 120 万元，部门的老大投资 30 万元，剩下的 50 万元让这个部门的几个员工众筹（也叫项目跟投）。部门的负责人是部门老大，享有人事权、财务权和运营管理权，就相当于一个独立的公司，只不过是一个虚拟公司，但他可以用公司的场地和公司的品牌。这种模式下的部门在日常运营中相对独立，可以自主做决策，并在产生收益后部门老大和跟投员工都享有分红权。部门公司制的最终目标是,当条件成熟时这些部门可以发展成为独立运作的子公司。

第三步被称为"封疆大吏",即城市合伙人。一个人到了40岁之后往往就渴望独立发展,这时公司可以支持他们开设子公司或分公司,并给予相应的投资,让他们担任地方负责人,全权管理当地业务,成为"封疆大吏"。

第四步被称为"业绩对赌"。当"封疆大吏"(也就是子公司的负责人)表现出色时,可以晋升他为母公司副总,让他通过业绩对赌的方式,根据实际达成的公司业绩目标来获取相应比例的股权。

第五步被称为"事业合伙人"。这一步适合于45至50岁的员工,将公司副总转变为有限合伙企业中的注册合伙人。

第六步被称为"同舟共济"。针对公司的超级核心管理层,让他们持有股权,与公司共同承担风险、分享利润,进一步绑定他们的利益与公司发展。

第七步被称为"功成身退"。即核心管理层拥有股权,但他们仅享有分红权,不具有管理权。在激励合同中设置合适的条款,使他们在一定阶段后愿意退出管理层。

股权激励"2358"模式

所谓"2":指的是在员工刚开始为公司效力时,与其签订为期2年的协议,并在此期间提供绩效奖金以激励其跟随公司发展的步伐。

所谓"3"：指的是随后的3年内部创业阶段，此时员工的工作性质转变为半市场化，赋予他们更多的自主权和创新空间。

所谓"5"：是指与员工签订为期5年的城市合伙人协议，使他们与公司深度绑定，共同追求成长和成功。

所谓"8"：是指建立8年的事业合伙人关系，通过共创共享共赢的合作模式，让员工与公司建立起深厚的互信和合作关系。

将这一连串的模式结合起来，便能确保员工在职业生涯的大部分时间里与公司紧密相连，从而为公司创造更大的价值。

经营企业的关键在于赢得员工的心，而这不仅需要情感上的连接，更需要实质性的利益分配。企业家需要找到平衡点，既能凝聚人心，又能保持公司的稳定与发展。

公司的成就依赖于员工的辛勤付出，因此作为领导者，若想激发员工创造更大的价值，就必须合理分配收益和权力。当权力下放后，就需要做好公司治理，建立有效的利润分配机制和公司治理结构。

选择股权激励工具

下面以实例形式介绍一般情况下期权激励的操作路径。

假设A公司在2023年的注册资本为500万元，估值为1000万元，则股价为2元/股。如果公司创始人决定将10%的股权（即50万股）用于激励员工，则每位员工将有机会持股。然而，员工在当时并不能直接购买这些股份。公司与员工之间会签订一份期权激励协议，该协议规定员工必须在3年后才有权行使买股的权利。举例来说，如果3年后公司估值升至5000万元，那么10%的股权价值将相应地提高到500万元。这时，员工仍然可以根据3年前约定的价格来认购这些股权，这意味着员工的收益将会是3年前的4倍。如果公司的估值在这期间增长到6000万元，员工的潜在收益将会是3年前的5倍。这种方法使得员工的利益与公司的业绩紧密相连；公司表现越好，员工获利就越高。在2023年，员工不需要立即支付任何款项，只需要在3年后满足购买条件并决定行使购买权时才付款。

另外，还有一种虚拟分红权激励方式，其典型的例子是国内某手机企业实施的虚拟分红方案。以A公司为例，其估值为1000万元，并且在2023年的净利润达到200万元。在这种情况下，A公司不实际出售股权，而是出售其收益权。若按公司净利润的5倍溢价计算，A公司的价值相当于1000万元。员工可以花100万元购买10%的收益权，但仅需支付20万元的现金，剩余的80万元可以用借款的方式来解决。假如第二年公司实现了300万元的净利润，那么员工所持有的10%收益权将能够分得30万元，从而实现高达30%的投资回报率（含借款）。这样的激励方式对员工而言相当吸引人，因为它提供了潜在的高额回报。

05　股权激励实操六个步骤

设置股权激励比例

股权激励比例分为总激励比例和个体激励比例。在确定总激励比例（即公司准备用于激励员工的股份比例）时，通常建议单次不超过10%，具体的比例应根据公司的具体情况和业务模式来定。在这10%的范围内，需要进一步确定每个员工的具体比例，这涉及个体激励比例的分配。

在实施股权激励时，应该特别注意避免出现不公正的情况。例如，在笔者经历过的一个案例中，一家公司的老板在听了一堂关于股权的课程后，决定给予跟随了自己15年的老员工2%的股份和新招募的（从一家上市公司"挖"来的）副总经理3%的股份。然而，这一决定并没有达到预期的正面效果，反而导致了公司内部人的不满和人才流失。

首先，老员工不高兴。老员工会认为他们多年对公司的忠诚和努力没有得到应有的回报，到头来还不如一个外人。

其次，新员工也不高兴。新加入的副总经理觉得他高学历，有上市公司从业背景，领的工资已经比原来少了，跟能力远不如他的员工比，竟然只有一个点的区别，不公平。

于是，老员工走了，新员工也走了。实际上，在企业中，老员工与新员工之间出现矛盾和摩擦是十分常见的。平时，大家可能会尽量保持和谐，但一旦涉及股权和个人利益时，冲突便很容易激化。因此，在进行股权激励时，妥善处理老员工和新员工的关系至关重要，要让老员工感到满意，同时给予新员工希望。

那么股权激励究竟给员工多少份额才合适呢？

为了避免出现上面所讲的不公平的情况，股权激励的比例分配不能仅仅由老板一人决定，而是应该采用一种更为公正和科学的评估方法。这种方法可以包括将员工的工龄、岗位重要性和个人业绩等因素综合考虑进去，并为每个因素设定相应的权重。通过这种方式，我们可以更加客观地评估员工的贡献，并据此分配股份。例如，工龄系数占20%，岗位系数占30%，业绩系数占50%。对于不同的岗位，可以有不同的权重分配。通过这种方式，我们可以更加客观地评估员工的贡献，并根据评估结果分配股份。此外，还有各种计算方法，如五分法、六分法、七分法等，适用于不同类型的企业。为了确保公平性，这项工作应由股权激励管理委员会负责，而不应由老板个人主导。委员会的决策应以公司整体利益为重，这样得出的结果才能让人信服。

最后，面对员工要求增加份额的请求，老板应该坚持原则。如果因为心软而破例增加某个员工的股份，则可能会引起其他员工的不满和效仿，从而破坏整个股权激励计划的公平性和有效性。因此，建议在制定计划时就设定好规则，并坚持执行。如果确实需要调整，也应该通过委员会重新评估，并确保调整的结果是公正合理的。

那么，通常情况下，公司里哪些人会先被激励，哪些人会后被激励，理由是什么？如表5-1所示。

05 股权激励实操六个步骤

表5-1

人员类型		人员细分	激励理由	拟激励批次
第一层面	核心决策层/决策层	董事长、总经理、副总经理、事业部总经理	从战略上把握公司/事业部经营管理的方向，对公司/事业部经营业绩的达成起关键作用	第一批
第二层面	管理层/核心技术	总监、部门经理、主管	战略执行层面，维系整个公司系统高速运转的核心人才	第二批
第三层面	骨干层	骨干员工为满足下列条件之一者： ·年度综合考核成绩为A等 ·对公司有特殊贡献 ·掌握特殊技能，培养周期较长或培训投入较大 ·属于市场稀缺人才，招聘难度较大	高附加值或难以取代	第三批

很多老板之所以不愿意分股，主要是担心股权会越分越少，如果能够100%持股，公司就是自己的，想怎么干就怎么干。可为了激励员工，又不得不分，那到底怎么办才好呢？

让我们来看一个案例。假设A老板拥有甲公司100%的股权，公司本年度的净利润为1000万元。当市场总监张总加入时，A老板给予张总10%的股权；随后，管理总监李总加入，也获得了相同的股权；紧接着技术总监王总加入，同样获得10%的股权。经过这些分配后，A老板还持有70%的股权，显然股权份额在不断减少。当投资人胡总提出投资意向时，他给出了两种方案：一是所有的股东同比例稀释股权，但这遭到了三位总监的反对；二是A老板出让自己的部分股权给胡总。最终A老板选择了让自己吃亏的方案二。

实际上，A老板可以采取不同的策略。首先，将公司总股本设定为2000万股，这意味着在持股100%的情况下，A老板掌握了2000万股。当张总加入时，给他200万股，但这部分股份是通过增资扩股的方式进入公司的，使得公司总股本变为2200万股（以股数计，非10%）。类似地，李总和王总加入后，公司股本扩大至2600万股（以股数计，非20%）。在这个过程中，A老板手中的股份并未减少，仍为最初的2000万股。最后，当胡总提出投资1000万元时，同样通过增资扩股的方式引入投资，使公司股本增至3600万股（假定没有溢价，所有的资金都作为注册资本）。这样，三位总监也不会反对，因为他们的股份并未被稀释。

关于利润分配的问题，假设公司的净利润为1000万元。如果A老板出让了30%的股权，那么他能获得的利润将减少至700万元，这意味着他的年度分红减少了。但是，如果使用另一种方法——超额利润激励法，就可以避免这种利润减少的情况。例如，我们可以设定一个目标，要求在张总加入公司后，公司的净利润要从原来的1000万元增长至1200万元。如果张总实现了这个目标，根据事先约定的激励计划，超出部分的利润可以分一半给他。假设张总年底实现了这个目标，他可以获得100万元的奖励，而A老板则能够分得1100万元的利润。这样，既激励了张总，又保障了A老板的收益不因股权出让而大幅减少。

如果没有设定明确的目标，只分配股份给他们，则失去了意义，因为这样无法确保他们能为公司创造更多的价值。激励的核心在于促使获得股份的人能够为公司做出更大的贡献。

05　股权激励实操六个步骤

总结一下：第一，在分配股权时，不要用百分比来表示，而应该先确定总股本，并将其分割成股份；第二，分配的是超额利润，即增量，而非已有的存量；第三，设定目标，为避免员工安于现状，可在分红激励的同时，设定超额利润激励，让员工干得越多，分得越多。只有解决了这三个问题，老板才更愿意进行股权分配，因为这样能够确保激励措施真正发挥作用，促使员工为公司创造更大的价值。

如何吸引人才

股权激励的一个作用就是吸纳人才。我们在之前提到过，公司核心团队的构建应当以引进为主，内部培养为辅。在公司发展的过程中，资金可以通过融资解决，渠道可以努力拓展，但真正限制公司快速成长的往往是人才的缺乏。当人才培养速度无法满足公司扩张需求时，公司如何实现弯道超车？答案是引进外部人才。

引进人才要靠什么？仅靠金钱可以吗？当然可以，但仅用金钱吸引来的人才很可能是冲着公司目前给出的高薪而来，如果有其他公司提供更高的薪酬，他们很容易跳槽。对于资金相对有限的中小企业来说，尤其是在还没有太多现金的时候，引进人才主要靠的是股权激励，这样的方式更能吸引那些真正看好公司未来发展前景的人才。

设想一下，A 和 B 两家公司都在招聘一名副总。A 公司提供的年薪是 60 万元，B 公司提供的年薪是 50 万元，外加 3% 的股权。如果你是这位副总的候选人，你会选择哪家公司？大多数人可能会选择后者。毕竟大多数处于这个职位的人已经不再年轻，他们已经解决了基本的生活需求，这时候更加关注的是未来的保障和职业发展。他们可能会想："我还有十多年的劳动能力，如果选择年薪更高的公司，我无法继续高强度的工作，那么我将失去所有的保障。但如果选择提供股权的公司，即使将来无法继续工作，我仍然可以作为公司的股东享受分红，成为公司的合作伙伴，而不仅仅是一名雇员。"（激励对象退休后是否继续享受分红，根据公司的激励方案而定）。

职位越高的人，通常越注重个人的长期发展。对于年轻员工来说，他们更需要现金来解决当前的生活问题，但对高级管理人员来说，他们对公司的未来发展更感兴趣。这就需要你运用手中的股权作为吸引他们的筹码。如果一名副总坚持要求年薪不低于200万元，这样的候选人通常不适合中小企业，因为试错成本太高。因此，通过招聘信息就可以初步筛选出适合的人选，我们真正需要寻找的是那些与公司理念契合、对未来有共同愿景的人才。

有些人可能会认为吸引人才的做法显得有些功利，但历史上无数成功人士的故事告诉我们，善于发现和使用人才是成就大业的关键。以曹操为例，他就是一位杰出的人才管理者。笔者经常建议企业家们阅读《三国演义》这本书。这本书以生动的故事和深刻的道理介绍了三国时期的政治和军事斗争，值得每一位企业家深思。刘备、孙权和曹操各自代表了不同的企业文化和管理模式，他们的故事展示了不同的发展战略和管理智慧。通过学习这些历史故事，企业家们可以获得很多宝贵的经验和启示。

下面回到挖掘人才的话题。让我们一起从做企业的角度来探讨曹操是如何招揽人才的，他的用人理念在今天仍然值得企业家们学习。他三次发布《求贤令》，表现出对人才的极度渴望，并且提出了"唯才是举"的选拔标准，这在当时是对传统德才兼备标准的一个突破。企业家们应当像曹操一样广泛吸纳人才，发挥每个人的长处，并努力将其潜在的缺点转化为优点，从而打造出强大的团队。

不知道大家有没有发现，越是有才能、有才华的人，往往越可能有独特的性格特点。这些人之所以能被老板重用，是因为他们的才华和独特的性格在合适的环境中得到了认可和利用。秦孝公重用的商鞅就是在其他国家没有得到充分机会的人。

在管理公司的过程中，老板一定要记住这句话："用人所长，天下无不可用之人；用人所短，天下无可用之人。"很多老板喜欢在办公室的墙上挂"海纳百川"四个字。何谓"海纳百川"？它意味着不仅接纳大江大河的清水，也要善于将臭水沟里的污水净化后再利用。这才是真正的海纳百川。关键在于，无论是老板还是企业，都需要具备一种能力，那就是能够将不利条件转化为有利资源。这才是企业家真正的魅力所在。

话说回来，曹操的招募并非总是能够成功吸引所有人才的加入。关羽的故事就是一个典型的例子。关羽之所以没有被曹操成功招揽，主要是因为他深感自己是刘备团队的一员，对刘备有着深厚的情感和忠诚度。通过这个故事，我们可以得到一条重要的管理启示：为了留住人才，应当让他们感到自己是公司的重要组成部分。当员工感受到自己被重视，并且认为自己的成长与公司的发展紧密相连时，他们更有可能对公司忠诚。

如何留住人才

前文我们讨论过，留住人才是现在很多企业的一大难题。以前，一个人在一家单位一干就是一辈子，现在很多人一干只是一阵子，导致企业留住人才变得非常困难。针对如何才能留住人才这个问题，简单地说，就是要设定好明确合理的激励机制：将公司的目标分解到每个员工，确保这些目标可执行、可操作，并且要即时给予奖励。

接下来，笔者为大家解读一下《西游记》中一个有趣的现象。大家是否注意到，孙悟空在加入唐僧的取经团队之前，曾在天宫大闹一番，众多神仙都不是他的对手。为什么会这样呢？这是因为神仙们都代表着稳定的工作岗位，他们在天庭有着既定的角色和职责，与孙悟空交手只是按照规定走过场，所以孙悟空能轻易击败他们。相反，孙悟空则是毫无顾忌地全力以赴，展现出无所畏惧的斗志，因此在决斗中占尽优势。

然而，在陪同唐僧开启西天取经之旅后，却发现孙悟空在面对各种妖魔鬼怪时，他不再那么无敌了。这是因为在取经的过程中，孙悟空成了一个"打工仔"，而那些妖怪则是在为自己和家族的生存而战，他们每失去一个地盘，就意味着失去了生存的根基。因此，妖怪们与孙悟空的对抗都带着拼命的决心，这使得战斗变得更加艰难。

如今，公司的老板们之所以能够取得显著的成就，很大程度上源于他们那种不惜一切的拼搏精神。而员工们可能因为只是按月领工资的打工者，就不会像老板那样全身心投入公司的命运中，所以在工作上可能没有老板那么拼命。这正是引入股权激励的核心价值所在。通过股权激励，可以让员工在心理上转变为"小老板"，从而激发他们的积极性和创新力。股权激励的本质就在于激发员工的潜能，让他们像老板一样为企业的发展全力以赴。当员工的心态从雇员转变为合伙人后，企业的整体业绩才有可能实现飞跃性的增长。

股权应该怎么给

下面以故事形式介绍股权的分配规则。很久以前，有个男孩悄悄喜欢一个女孩很久，却一直不敢向她表白，因为他害怕被拒绝。一次酒后，他鼓起勇气来到女孩家楼下，邀她出来，并表达了自己的感情。女孩思考了片刻，回应说她也喜欢男孩。男孩感到非常幸福，不久后他们就结婚了。但婚后男孩发现女孩并不符合他理想的伴侣形象，女孩不做家务，不洗衣服，也不做饭，还盲目消费。最终，他们结婚不到一周就离婚了。男孩认识到一个现实：如果自己付出不多，那么离婚的损失也不会太大。

经历这件事情后，男孩意识到爱一个人就要大胆说出来。于是他很快又爱上了另一个女孩，并再次表白。这次女孩告诉他还有其他追求者，并非直接拒绝，而是在暗示自己的价值。男孩为了竞争，提出当晚请她看电影，女孩婉拒并表示本周已安排满，只有下周三有时间。男孩接受了这个挑战，经过漫长的等待期，他终于在周三晚上和女孩一起看电影，并在之后的约会中为她购买了一个昂贵的包包。

随后，男孩和女孩又一起去了欧洲旅行，回来后，男孩提出领证结婚，女孩表示结婚需要有新房，并且希望男孩在北京市三环内购买一套200平方米以上的大平层。这时的男孩已经被女孩"深度绑定"了，只能接受这个条件，购买了新房。

买房后不久，女孩又要求举办盛大的婚礼，并让男孩邀请他的明星朋友参加。男孩同意了，在婚礼上，女孩得到了她想要的名分和仪式感。

故事中的女孩为什么要告诉男孩本周都约满了？其实女孩在搞饥饿营销，想让男孩感觉到自己很抢手。那女孩为什么要拖到下周三呢？自从她跟男孩说完下周三才有时间后，男孩终于深刻地体会到一个成语——度日如年，每一天他都掰着手指头过日子，盼下周三快些到来。一个人越是等待，就越是期待，女孩告诉男孩下周三晚上才有时间其实是在给男孩做期权。下周三前的这段时间是男孩的等待期，也是对男孩的考验期。如果男孩是一个"浪荡子"，觉得这个女孩子太难追就换下一个目标，那么男孩和女孩也就没有以后了。

虽然这是一个男孩追女孩的爱情小故事，但又何尝不映射出企业家授予员工激励股权的影子呢？通过这个小故事，我们可以总结出给员工股权时具体包括六个方面：一是学会如何定价；二是给予员工期权和等待期；三是设定明确的考核目标；四是提供安全感（可以是物质上的）；五是想办法深化员工对公司的归属感；六是在整个过程中要有足够的仪式感。只要理解并掌握了这六个关键要素，就能有效地实施股权激励。

制定股权激励操作流程

在实施股权激励的过程中,规范和专业是非常重要的,因此最好请专业的团队来操作。有一位老板在听过笔者的相关课程后,决定自行尝试为高管团队实施股权激励。他提出给予高管团队10%的股权,并让他们内部讨论是否接受。然而,由于缺乏充分的沟通和宣传,高管们对于老板的真实意图感到困惑,甚至怀疑公司的资金状况,最终导致激励计划搁浅。

试想一下:他们公司为什么没有成功实施股权激励计划呢?主要原因在于老板忽视了非常重要的一环——宣传。

在实施股权激励之前,必须向员工详细解释股权激励的概念及其潜在价值。例如,在北京,一个年薪50万元的员工一年能存款25万元。然而,这些积蓄在北京购房显然不够。尽管50万元的年薪并不低,但如果员工在公司看不到发展前景,他们很可能会选择离职。他们每年拥有25万元的积蓄,存入银行可能会因通货膨胀而贬值,投资股市又担心亏损,即便股票操作得当,投资回报率大多也仅在10%左右。那么,为什么不将这笔钱投资在自己的公司呢?

相较于不了解的基金或股票市场,投资自己的公司,有以下三个显著优势。

第一,作为公司的员工,对公司的了解最透彻,能够判断公司是否有成功的潜力,以及老板是否值得信赖。

第二，将资金投入公司后，员工能够直观地看到收益，例如，去年完成一个大订单，今年就能获得更多的分红。

第三，也是最重要的一点，即定价增值可见＋本金保底。假设一家成立不到一年且尚未盈利的公司的注册资本为2000万元，如果老板拿出10%的股权作为员工激励股权，员工可能不愿意用200万元来购买。但如果有投资机构以500万元购买公司10%的股权，老板再以300万元的价格拿出同等股份激励员工，员工是否愿意购买？他们愿意。因为买到就是赚到！老板可以和员工约定，三年之内将公司上市，如果未能实现，大股东将全额回购员工的激励股权（大股东兜底保证本金），这样员工就没有任何风险，对于老板来说，相当于获得了三年的无息贷款用于公司发展（如果员工没有过错，建议回购时可以考虑加上银行存款年息，相当于把钱存在银行了）。

因此，在实施股权激励时，绝对不能忽视对员工的培训和宣传环节。需要逐一与员工面谈，了解他们的思想动态，知道以何种方式激励他们才能双赢。每个员工单独了解，由律师与他们单独面谈，综合大家的意见之后，确定最终的激励制度。

股权激励制度确定后，出具股权激励协议，搭建有限合伙持股平台架构，同时召开股权激励大会和股东会，确定每个人的最终认购数额，签署股权激励协议和合伙协议等相关文件。

最后，股权激励的设计和实施不是老板或管理层的"一言堂"，而是老板与员工之间进行充分沟通和协作的产物。

如果员工对股权激励方案不认可或不理解，那么方案的实施将面临很大挑战，甚至可能无法顺利推进。

通过沟通，老板可以了解员工的需求，而员工也能更好地理解公司的战略目标和激励方案的具体内容。同时，可以确保激励方案更加符合员工的需求和公司的实际需求，从而提高激励效果。

06

股权经营中的法律风险

公司治理中的"皇权"与"相权"

亚当·斯密在《国富论》中写道:"作为其他人所有资金的经营者,不要期望他会像对待自己所有的资金一样进行精心照顾。"他这段精辟的论述涉及公司治理的核心问题,即公司所有者(股东)与经营者(董事会)之间存在着利益不一致问题。

在现在的公司中,所有者和经营者的角色分别类似于古代中国的皇帝和宰相。其中,股东会代表"皇权",董事会则类似于"相权"。股东会和董事会之间的权力制衡对于公司的稳定和发展至关重要。一方过强或过弱都不可避免地导致公司经营与管理失衡,进而产生经营风险。为了保护所有者的利益并提高控制权,需要设计一套制度来监控和平衡双方的权力。

为了平衡所有者与经营者之间的关系,公司治理应运而生。公司治理旨在解决因所有权与经营权分离而产生的权力配置问题。在现代公司中,由股东会负责重要事项的决策,董事会负责公司的日常经营，如何确保公司管理层的行为符合股东们的最佳利益？需要对公司内部的治理机制进行设计。这种治理机制可以促进公司决策的有效性和合理性，同时保障了所有者的权益，从而实现公司整体利益的最大化。

公司治理的目的是通过合理分配权力来降低内部管理和监督的成本，从而实现企业价值的最大化。当公司内部的"皇权"（股东会）与"相权"（董事会）或者所有权与经营权发生矛盾时，就需要公司治理机制来介入，合理调配股东会与董事会之间的权力关系，使之既能相互制衡，又能协同合作，这是公司治理的核心任务。

如何合理地划分股东会和董事会的职权？在各大企业中，是否存在一套完美无缺的公司治理结构？事实上，公司治理的真正难点在于公司的发展是一个动态的过程，各种问题会相互交织，导致"顾此失彼"的局面。以某公司在上市前的治理问题为例，可能会同时面临关联交易问题、法人治理机制问题、债权债务问题、财产混同问题、经营资质问题、人员独立问题、财务独立核算问题、公司独立运营问题、城市合伙人/子公司控制问题，以及重要经营层面的治理问题等。这些问题往往牵一发而动全身，如何在解决治理问题的同时提升控制权和经营权，是每位企业家都必须面对的挑战。

公司治理的首要任务是理顺"三会一层"（即股东会、董事会、监事会和管理层）的架构。这需要根据公司的实际情况重新设计公司章程，协调"三会一层"之间的权力分配。具体措施包括但不限于设置特殊的保护条款，如一票否决权、优先购买权等；完善法定代表人制度；优化董事会结构，合理设定董事的任职资格、表决席位和任免程序；制定科学的表决规则，以确保公司及其股东的利益。

其次，公司治理的核心在于完善股东会、董事会、监事会、管理层和其他利害相关者的职能定位，明确各自的职责和权力界限。为此，需要制定和健全一系列议事规则，涵盖股东会、董事会、监事会、总经理办公会和专业委员会。通过明晰职权，实现公司所有权、经营权和管理权的分离，有效隔离风险，从而推动公司分阶段、分步骤地从"人治"向"法治"转变。

再次，构建独立且完善的内部治理结构是公司治理的关键一步。通过强化上级公司的控制力，确保整个公司的有序运作。这要求我们首先明确母公司与子公司的角色和权责，避免职责重叠或不清。接下来，要完善子公司的授权、决策、追责、监督和绩效考核体系。通过制度和流程的设计，加强子母公司之间的法人独立性，确保人员、财务和业务的独立，防止子公司风险向母公司扩散。还需要分层次建立业务模式，根据发展规划协调治理策略，保证子母公司在内部治理上相互独立，在风险控制上彼此分离，同时在对外决策和战略方向上实现协调与统一。

公司治理不仅要平衡各机构的权力分配，更要实现决策的科学化。如同古代宰相辅助皇帝治理国家，现代企业的管理层需要集中力量帮助所有权者管理企业。然而，如果管理层权力过大，可能会威胁到所有权者的地位。因此，通过加强所有权者的权力，适当削弱管理层的权力，更有助于企业的长期稳定。在界定股东会与董事会的权力配置时，应坚持分权制衡、效率和股东权益保护的原则，确保"三会一层"的权力配置科学合理，从而实现良好的公司治理。

公司治理是一门妥协与制衡的艺术

公司治理是股东及其参与者利用公司内部的机构和程序参与公司治理的一系列行为。这些行为是通过一系列制度安排，借助程序和机构来落实的。因此，法律在公司治理中发挥着核心作用，但仅仅依靠法律还不够，必须将其与实际操作相结合。

下面来看一个实例。假设在某家公司中，总经理出台了一项规定，禁止公司雇用有近亲关系的员工，并要求现有近亲关系的员工中只能留一人任职，其余人必须在一个月内主动离职。总经理出台这一规定的具体原因是：一个小股东将自己的妻子安排到公司担任财务主管，而作为董事长的大股东对此感到担忧，害怕小股东与其妻子在公司内相互串通，因此授意总经理发布这项规定。这个案例生动地展示了公司治理中权力制衡和潜在利益冲突的问题。

我们都知道，尽管总经理有权做这个人事决定，但小股东通常难以直接干预或监督总经理的决策，尤其是在自己投资的公司中缺乏具体事务参与权的情况下。这就需要在权力之间进行妥协与制衡，以确保公司稳定发展。

不同发展阶段的公司治理与"三会一层"

公司治理不是一成不变的，它会随着时间的变化而变化。我们把企业的发展划分为以下几个阶段。

第一个阶段：概念期（种子期）。在这个阶段，创始人有一个创新的想法，想要创立公司。这是最初的孕育期。

第二个阶段：创建期。创立公司需要筹集资金、聘请团队、选定地点等。公司成立后，需要有可行的产品或服务，并找到市场定位。

第三个阶段：成长期。随着公司的发展，其团队规模逐渐扩大，需要更复杂的管理结构来支持其增长。

第四个阶段：扩张期。扩张期的公司规模进一步增长，需要更精细的管理。在这个阶段，领导者通过建立良好的企业文化，可以有效地激励员工。

第五个阶段：获利期。当公司规模扩大至数十或上百人时，需要更深入的治理。此时，公司可能会面临内部派系的斗争，因此需要建立有效的治理机制来维持秩序。这个阶段的公司正处于一个瓶颈期，因为它走过了感情关和管理关，形成了一个好的团队。好的团队继续保持下去可以带着公司上升到一个战略高度，战略就是公司的治理。这个阶段的治理必须靠企业文化。

第六个阶段：成熟期。在这个阶段，公司可能会面临管理僵化、员工积极性下降等问题，创业初期的那种冲劲和拼搏精神逐渐减弱，员工开始进入所谓的"官僚期"。你可以观察一下公司的中高层管理者，他们在实现了买房、买车的目标后，是否变得不再像以前那样积极了？这是因为他们的生活已经相对安稳。老板自己也可能经历了类似的心态变化，从过去为了争取项目而不惜连续加班，到现在则尽可能避免过度劳累，因为他们对每一个订单的需求已不再那么迫切。在这种情况下，公司需要通过改革来重新激发活力。

第七个阶段：衰退期。在这个阶段，公司可能会面临各种风险，包括财务风险、法律风险、资金风险等。这时公司治理的目标是延长生命周期，尽可能地规避风险。

任何企业的发展都包含这七个阶段，正如《周易》中的乾卦所揭示的那样。

《周易》强调了天、地、人的"三才"原则，其中，"天"代表趋势和时间，在什么时间、与什么人、做什么事情能够成功，时机很重要。《孙子兵法》中所说的排兵布阵也是类似的道理，排兵就是对人的规划，布阵就是要借助地形。

在公司的初创期，应当强化股东会，弱化董事会，虚化监事会或审计委员会。

初创公司往往处在一种快速但不太规范的发展状态。在这个阶段，公司主要依赖于股东的积极参与和决策。因此，强化股东会是关键。只要股权结构清晰，股东之间没有内耗，公司就能够稳步前进。董事会在此时并不那么关键，只设董事也可以，因为公司的领导往往也是股东，他们直接参与公司的管理。因此，在公司发展初期，就应该确立良好的股权结构，以支撑公司后续的发展。

当公司进入成长期后，应当逐步弱化股东会，加强董事会，淡化监事会或审计委员会，重点培养高管层。

在这个阶段，股东不再适宜事必躬亲，因为有些股东的管理能力和专业知识有限，可能无法满足公司日益增长的需求，应该让专业的人来做专业的事。因此，这个阶段应该强化董事会、培养高管层。同时，公司的股东应该专注于战略规划和发展方向，将日常运营托付给董事会和高管层。比如，一家企业如果要从地方市场做到全国市场，最缺的就是人才，最怕的就是产品很好但在开拓市场时无人可派，因此必须着力培养高管层。

当公司准备进入资本市场（如寻求在股票交易所挂牌或上市）时，它便进入了成熟期。此时，公司治理的关键在于引领股东会，强化董事会，规范监事会或审计委员会，突出高管层。

随着股东数量的增加和利益关系的复杂化，股东的立场和利益可能无法保证完全与公司站在同一条线上了。部分股东开始满足于现状，他们会觉得公司发展还可以，每年拿一些分红就可以了，但实控人股东的想法可能还是突破、转型、上市，这时候部分股东的墨守成规就会阻碍公司的发展。但随着董事会权力的增大，就需要有人来制衡和监督它，所以要规范监事会，让监事来监督。在这个阶段，公司会吸引更多的专业人才，构建起一个完整的管理层体系，这对支撑公司的运营和实现长远目标至关重要。

以上三个阶段是公司上市之前要做的，上市之后的公司治理也有自己的一套体系。

对许多企业家而言，频繁的会议是公司管理的常态，尤其在大型公司中更是如此。为什么会这样？因为开会是决策的关键所在，只有通过会议才能形成决议。在公司内部，有股东会、董事会、监事会，以及总经理办公会等不同层级的会议，高效的会议是保持公司良好运作的关键。

谈到总经理办公会，我们需要认识到，总经理不仅仅是一个人，更是一个职能机构。大多数公司仅设有总经理一职，并没有专门的总经理办公会。总经理办公会通常扮演着公司执行机构的角色，它与股东会和董事会既有所区分，又需要紧密协作。三者之间的有效合作是公司成功运营的基础，也是公司法人的核心作用所在。公司是一个具有组织结构的商业实体，它通过定期召开各种会议来协调和推进各项业务工作。在公司内部，业绩的完成不应该过度依赖于老板个人，而是应该主要由员工来承担。只有这样，公司才有发展潜力。老板的角色是设定目标，而团队的任务则是实现这些目标，两者需要有明确的分工。

有人形象比喻："团队就是一个善于表达的人对一群愿意倾听的人说话"。尽管这种说法并不完全准确，但它确实指出了团队中领导者沟通和指导的重要性。很多时候，团队成员需要通过老板的指导来完成目标。因此，老板需要有效地传达自己的想法和计划，而不是亲自去做所有的事情。同样地，中层管理者需要主动了解基层员工的具体需求，并且传达高层管理者的指示，而不是坐在办公室里等待传递信息。基层员工则需要专注于执行上级下达的命令，而不是孤立行事。因此，高层管理者应该定期与团队进行沟通，并定期召开会议以保持信息畅通，从而提升团队的凝聚力和工作效率。

公章的重要性

许多公司在使用公章时未能引起足够的重视，但事实上，公章的每一次使用都代表着公司的法律行为，随之而来的是相应的法律责任。因此，公章的妥善保管至关重要。即便如此，有时候即使保管得当，也难以避免一些问题的发生。

这里分享一个关于伪造公章（俗称"萝卜章"）的案例。某建筑公司允许他人挂靠其资质进行投标和签约，这就导致了频繁的盖章需求。一个经常挂靠这家公司的人觉得每次找公司盖章太麻烦，于是私自制作了一个"萝卜章"用于自行盖印。

后来，这个人因资金短缺而向他人贷款，并以建筑公司的名义提供了伪造的担保。由于几年后借款人无力偿还贷款，贷款方将借款人和提供担保的建筑公司一同告上了法庭。

这家建筑公司的法务人员在查看担保协议时，发现了印章的可疑之处，并确信公司并未为此提供真实担保，因为印章上的划痕与公司在公安机关备案的真章不符。然而，对方律师找到了另一份关键证据——一份盖有相同伪造印章并由建筑公司法定代表人签字确认的文件。法定代表人在未能识别出印章为假的情况下签字，这一行为使得伪造的印章获得了真实性，最终使该建筑公司被迫承担了担保责任。

这个案例说明了公章管理和使用的重要性，以及法定代表人在公司事务中所扮演的角色及其决定对公司产生的影响。因此，公司必须严格控制公章的使用，并加强对法定代表人的培训和授权管理，以避免发生类似的法律风险。

下面再分享一个关于"假签名变真签名"的案例。甲乙两兄弟在 2008 年共同创办了一家文化公司，其中甲出资 111 万元，乙出资 999 万元，并担任公司的法定代表人和执行董事。2014 年，公司法定代表人、执行董事变更为姚某，并且姚某成为新股东。然而，不参与公司经营的甲直到 2016 年才得知姚某的存在，并对此表达不满，声称姚某进入公司时，所涉及的股权转让协议、股东会决议、变更公司章程等一切载有甲签字的地方，均为乙代签，甲毫不知情。甲以此为由向法院主张姚某的入股行为无效。

乙对此进行了抗辩，他提出从公司成立之初，所有需要甲签名的文件都是由乙代签的，这意味着甲实际上已经默认并将股东权利的行使委托给了乙。所以，即使不是甲本人签字，也是本人的真实意思表示。此外，乙还指出，在姚某加入公司时支付的转让款项已经转账给甲，甲解释说乙当时并未明确这笔款的具体名目，误以为是公司分红。

法院最终判决支持了乙，甲败诉。

这个案例再次证明，"法律不保护躺在权利上睡觉的人"。作为股东，不要觉得一两次代签无所谓，只要没有授权，最后也可以不予认可。然而，时间一长，即使没有书面授权，但因为你获得了由此产生的收益，也会被法院认定为是你的真实意思表示，已经事实授权。

为了确保公章的安全和正确使用，企业应该实施严格的印章管理制度，具体包括以下三点。

- 对印章进行加密和制作暗记，以便识别真伪。
- 实行"五点齐备"原则，即每次用印章时都需要有明确的申请人、批准人、使用时间、台账记录和备份。
- 保持专人、专柜、专区管理，确保印章存放在安全的地方，并由特定人员负责。

使用现代技术手段（如智能印章设备）可有效地提高印章管理的安全性。这种设备能够在没有授权的情况下阻止印章的使用。也就是说，只有当获得实际控制人的手机 App 授权后，该设备才能解锁，允许正常的盖章操作。

笔者提醒：若公司相关的公章或执照已经落入他人之手，可以通过以下两种方式解决：

（1）直接挂失补办。法定代表人先补办执照或公章，而后补办财务章和 U 盾。

（2）直接起诉，要求归还证照。

【在上述过程中，公司方可先采取紧急措施，例如，通知银行冻结公司账户、停止对外支付等，防止资金被转移。】

法律风险，股权雷区

下面介绍笔者亲自操作过的一个案例。

山西一位煤炭业富商的妻子在社交活动中结识了几个关系好的朋友，其中一位朋友提议两人一起成立一家公司，这位富商的妻子同意了这一提议，公司的注册资本为2亿元。她的朋友承诺，认缴的注册资本不需要她们实际投入，两人各持50%的股权。这位富商的妻子听到后，认为这是一个无须投资就能盈利的好机会，于是她名义上认缴了1亿元的注册资本。

不幸的是，这家公司在她那位朋友的管理下，不到两年时间就负债2亿元。依照《公司法》相关规定，股东需要根据认缴的注册资本承担责任，这意味着这位富商的妻子需要偿还1亿元的债务。正如富商后来所说，他的妻子参与创建的这家公司最终几乎搭进了他们家半个矿。

这个故事告诉我们：在注册公司时，注册资本不是越高越好，注册资本的设定要合理，应该根据公司的实际业务规模和需求来定。

尽管新《公司法》规定，有限公司的全体股东应在公司成立之日起五年内缴足注册资本，而股份公司的发起人应在公司成立前完成全额出资，但一些企业家仍然选择高额的注册资本。当被问及原因时，他们可能会回答说，虽然知道注册资本越高，意味着承担的责任越大，但如果注册资本只有很少的金额，可能会让外界认为公司实力不足，影响业务合作的机会。此外，在招投标过程中，招标方往往会对投标公司的注册资本设有最低要求。还有一些公司为了获取特定行业的资质，也有增加注册资本的需求。在这些情况下，企业应当特别注意实缴资本的期限要求，否则可能面临股东失权的严重后果。

股东失权是指，股东未按照公司章程规定的出资日期缴纳出资的，公司有权向其发出书面催缴书催缴出资，并载明缴纳出资的宽限期。宽限期届满，股东仍未履行出资义务的，公司经董事会决议可以向该股东发出书面的失权通知。自通知发出之日起，该股东丧失其未缴纳出资的股权。该股东丧失的股权应当依法转让，或者相应减少注册资本并注销该股权；六个月内未转让或者注销的，由公司其他股东按照其出资比例足额缴纳相应出资。

这里要特别注意：**不要使用个人身份证去注册实际运营的公司，应该使用营业执照注册。**

在设计公司股权结构时，首要考虑的不是控制权，而是如何保护自身。 就像投资一样，我们在进行任何投资时，首先要考虑的不是投资回报率有多高，而是先要确保投资的安全性。没有安全的保障，就无法谈及发展。许多企业在快速发展的同时，由于股权和架构设计不当，埋下了许多隐患。企业发展的速度越快，这些问题暴露得越多，产生的负面影响也越大，最终可能会发现，实际上是在为他人作嫁衣裳。

抽逃出资如何让富翁变负翁

前面介绍了股东所认注册资本对应的法律责任，接下来我们看一下如果股东在实缴完后抽逃出资，将会面临什么样的法律制约。

抽逃出资是《公司法》中明令禁止的一个非常危险的行为，它就像一颗隐藏的定时炸弹，随时可能被引爆，给公司和其他股东带来巨大的风险和损失。下面，我们讲述一个隐藏了十多年的"定时炸弹"的故事。

某天，笔者的一个客户王员外意外收到了一份应诉通知，称自己莫名成了被告，并且涉案金额高达500多万元。这让一向行事谨慎的王员外感到非常困惑，因为他为人老实，作风谨慎，与原告素不相识，为何会突然遭到起诉？王员外立即找到笔者，希望笔者通过他提供的信息和资料帮他弄清楚事情的真相。

原来，在 2012 年，王员外怀揣着创业的梦想，与其他三位股东共同成立了一家物流公司。王员外认缴了 200 万元，占股 40%，其他三位股东各自认缴 100 万元，分别占股 20%。

在公司成立时，王员外和其他股东并没有足够的资产来进行实际注资。在实缴制时期（2014 年 3 月 1 日之前，当时的《公司法》规定注册资本采用实缴登记制），通过社会上的中介机构提供"过桥资金"成为最常见的出资方式。中介机构会将"过桥资金"全额从王员外的账户转入公司账户，并经过会计师事务所验资，以此完成股东的实缴义务。随后，这些资金会再转回王员外的账户，股东们只需向中介机构支付服务费即可。这种方法既能履行出资义务，又不需要实际出资，看似两全其美。生性老实的王员外没有意识到其中的风险，还连夜说服了其他股东，提供了各位股东的身份证及相关信息，办理了银行账户，并与中介机构签署了授权委托书。

然而，公司成立不久后，因经营理念不合，王员外决定退出，并将所持股权全部转让给了其他合伙人，签署了股权转让协议，办理了工商变更，草草结束了创业生涯。由于自己并未实际出资，所以在转让股权时，王员外也没有得到实际的转让款。他以为这样自己就与公司无关了。

2022 年，公司实际控制人变更为李员外，在其操控下，公司累积了大量债务。随后，公司被债权人起诉，法院在执行过程中发现公司无可供执行的财产，因此裁定终本。

后来，公司的债权人得知王员外作为股东的经历以及通过其账户流转"过桥资金"的事实，便向法院起诉王员外涉抽逃资金，要求他承担补充赔偿责任，并申请了诉前保全，冻结了王员外的账户。此时，大股东李员外早已失联。法院最终判决王员外承担200万元的债务责任。王员外本以为事情就此结束，谁知近期在李员外的操纵下，公司又出现了500万元的债务，王员外再次被起诉。尽管王员外当初只认缴了200万元，但由于当初所有的"过桥资金"都是通过他的账户进出的，债权人因此要求他承担300万元的补充出资责任及利息。这让王员外苦不堪言。

什么叫出资瑕疵

王员外的故事属于出资瑕疵的一种常见情形——抽逃出资。出资瑕疵是指股东在公司设立或增资扩股时，未按公司章程或相关法律法规的规定履行出资义务的情况。这可能导致股权存在瑕疵，即所谓的"瑕疵股权"。出资瑕疵主要包括以下几种形式。

- 抽逃出资：指在公司验资注册后，股东将所缴出资暗中撤回，却仍保留股东身份和原有出资数额的一种欺诈性违法行为。

- 出资不足：指股东实际缴纳的出资额低于公司章程规定的出资额。

- 出资不实：指在公司章程中规定股东以货币以外的实物进行出资时，股东未办理过户手续、未交付实物或实物出资的价值明显不足。

- 虚假出资：指公司发起人或股东并未交付货币、实物或者未转移财产所有权，而是与代收股款的银行串通，由银行出具收款证明，或者与资产评估机构、验资机构串通，由资产评估机构、验资机构出具虚假的财产所有权转移证明或出资证明，以此骗取公司登记的行为。

哪些行为会被认定为抽逃出资

上述关于抽逃出资的案例中，王员外至今都不知道自己为什么构成了抽逃出资，自己未实际经营公司，并且在退出公司时也未获利，十几年后的今天却背上了巨额债务，实在冤枉。

那么哪些行为会被认定为抽逃出资呢？大家可以通过以下情形了解抽逃出资的基本形式。

- 设立公司时利用"过桥贷款"作为注册资金，待公司注册成立后，将"过桥贷款"一部分或全部抽走。

- 伪造虚假的基础交易关系，如公司与股东之间的买卖关系，将股东注册资金的一部分或全部划归为股东个人所有。

- 将注册资金的非货币部分，如建筑物、厂房、机器设备、工业产权、专业技术、场地使用权等，在验资完毕后将其一部分或全部转回。

- 未提取法定公积金或制作虚假会计报表虚增利润，在短期内以分配利润的方式提走出资。

- 抽走货币出资，以其他未经审计评估且实际价值明显低于其申报价值的非货币部分补账。

- 通过对股东提供抵押担保而变相抽回出资。

- 控股股东利用其强势地位，强行将注册资金的货币出资的一部分或全部抽走。

当然，在现实生活中的情况千奇百怪，在此就不全部罗列了，上述案例中的王员外便是通过第一种形式构成抽逃出资的，虽然王员外也是受害人，但因存在抽逃出资行为，故也不能免除全部责任。

抽逃出资会产生哪些法律责任

仍以上述案例为例进行说明。第一次被起诉时，王员外承担了200万元的抽逃出资责任，第二次被起诉时，他又承担了300万元的补充责任。实际上，抽逃出资不仅会带来民事责任，情节严重的还可能面临行政甚至刑事责任。

首先，对公司而言，抽逃出资的股东需要承担补足出资的责任。公司有权要求抽逃出资的股东返还所抽逃的资金，并支付相应的利息。此外，如果抽逃出资的行为直接导致了公司的其他损失，该股东还应承担相应的损害赔偿责任。

其次，抽逃出资的股东还可能面临对其他股东的违约责任。特别是对于那些已足额履行出资义务的股东，他们可能会因抽逃出资行为而遭受损失。因此，抽逃出资的股东需要对此承担相应的责任。

最后，对于抽逃出资的股东，他们不仅需要承担相应的民事责任，还可能面临行政乃至刑事责任。抽逃出资的行为实质上减少了公司的可用资产，削弱了公司的偿债能力。如果因为这种行为导致公司债权人的债权无法得到满足，那么抽逃出资的股东将对公司债务承担补充赔偿责任。在被公司登记机关责令改正后，相关股东还将面临罚款，罚款金额为所抽逃出资金额的 5% 至 15%。对于直接负责的主管人员和其他直接责任人，罚款额度在 3 万至 30 万元人民币之间。在某些严重情况下，相关责任人甚至可能触犯《中华人民共和国刑法》中关于抽逃出资罪的规定。

公司如何自查及识别抽逃出资

公司如何自查及识别抽逃出资呢？笔者建议企业家可通过以下方式自查自纠，避免给自己埋下隐形炸弹。

（1）审查公司的历史沿革：收集所有相关的文件，包括公司设立的核准文件、批准证书、监管机构批文、登记备案或核准、资产评估报告等。核查公司在成立时的名称、注册地址、注册资本、经营范围、股东及其持股比例等信息是否均符合法律规定。这将涉及审阅来自政府主管机关的批准证书、股东间的协议、验资报告，以及资产评估报告等文件。此外，还需查询工商行政管理部门提供的公司工商登记档案，以及获取关于公司历次变更记录的相关资料，确保每一次变更后的公司名称、注册地址、注册资本、经营范围、股东及股权比例等方面都符合《公司法》规定。

（2）审查股东协议和公司章程：仔细审查股东协议和公司章程，确保股东按照约定履行出资义务。特别注意出资额、出资方式、出资时间等关键条款，以及是否存在任何模糊或不明确的地方。

（3）核实出资证明文件：要求股东提供出资证明文件，如银行转账记录、资产评估报告等，以核实其实际出资情况。确保这些文件真实、完整，并符合法律法规的要求。

（4）调查股东背景和信誉：对股东的背景和信誉进行深入调查，了解其过往的出资记录、个人信誉，以及是否涉及任何法律纠纷。这有助于识别是否存在潜在的出资瑕疵风险。

（5）关注非货币出资的价值评估：对于以非货币财产出资的股东，要特别关注其出资财产的价值评估。确保评估机构权威，评估过程公正、透明，并符合相关行业标准。警惕可能存在的高估或低估风险。

（6）监督出资过程：在出资过程中，公司应建立有效的监督机制，以确保所有股东能够按照既定的时间和方式履行他们的出资义务。对于那些未能按时或足额完成出资的股东，必须迅速采取必要的应对措施，如催促其缴纳未付的款项、施加罚款，或者在极端情况下，撤销其股东资格。

发现可能抽逃出资的行为后，有哪些阻断方法

在自查过程中若发现可能存在抽逃出资的情况，企业家应采取以下措施来阻止进一步的风险，并规避潜在的民事、行政乃至刑事责任。

（1）对于未开展实际业务或业务规模较小的公司，应及时办理公司注销手续，之后可将业务迁移至其他公司主体，从而从根本上消除因抽逃出资可能引发的法律问题。

（2）若资金在短期内被抽出，应立即进行纠正，由股东将相应的资金补足并存入公司账户。同时注意以下事项：

- 完成法定验资程序。
- 在转账时明确备注转账用途为向公司缴纳注册资本。
- 公司账簿中对款项以"实收资本"予以列支。

知识产权出资不实

除了抽逃出资这一问题，出资瑕疵中常见的问题还包括使用知识产权作为出资而导致出资不实的问题。

在新修订的《公司法》中规定的五年出资期限无疑给那些高额注册资本的企业家们带来了巨大的出资压力。为了解决这一问题，有人提议这些企业家可以通过购买知识产权的方式来进行出资，以此满足新《公司法》对实缴注册资本的要求。

在此提醒大家，知识产权出资存在多种风险，这些风险可能来自知识产权本身的问题，也可能来自市场环境或法律环境的变化。为了降低这些风险，企业家在使用知识产权进行出资时，应进行严格的尽职调查和风险评估，确保知识产权的有效性、实益性和价值真实性。下面列出一些主要的风险。

（1）知识产权来源应当合法有效：首先，出资的知识产权既可以是自己申请的，也可以是购买的，但必须确保知识产权是完全、合法、有效的相关权利，可以被评估作价且被登记至公司名下。若知识产权本身已经无效、被撤销或到期终止，那么这种出资就失去了意义。

（2）知识产权价值应当公允：知识产权的价值评估是出资过程中的重要环节。如果评估不实，则可能导致公司资本不实，从而损害公司和其他股东的权益。所以，建议各位股东尽量寻找权威的知识产权评估机构，评估出资知识产权真实公允的价值。

（3）知识产权应当无权属争议：知识产权可能存在权利瑕疵，例如，未经许可的转让或存在权属争议等问题，都可能导致所使用的知识产权无效或引发法律纠纷。此外，如果用于出资的知识产权侵犯了第三方的权利，那么公司可能会面临被起诉的风险，这不仅会损害公司的声誉，还可能给公司带来重大的经济损失。

（4）知识产权出资应当依法缴税：购买知识产权出资实缴的，除了公允评估其价值，还应当就购买价值与出资价值的差额进行缴税，如符合知识产权出资递延缴纳的条件，可申请递延缴纳税费，但应在转让股权时补税。

（5）知识产权应与公司的主营业务相关：首先，知识产权能够加强公司的核心竞争力，通过对产品或服务价值的提升，有助于公司在市场竞争中占据更大份额，从而实现更高的利润。其次，与公司业务密切相关的知识产权相较于那些无关的知识产权，能够降低工商行政管理部门对其进行稽查的风险。

股权出资问题难点重重，并且其中隐藏的风险也很容易被忽视，很多风险往往是在股权转让或股东退出公司持股后凸显的，令人防不胜防。因此，企业家最好能在入资时就特别注意。

股东退出机制

股权的持有伴随着进入和退出两个方面，而退出则必须有一个相应的退出机制。大部分股东之间的冲突往往在退出阶段出现，原因在于许多公司章程和协议中并未包含一个明确的退出条款。因此，为避免未来的矛盾和不确定性，公司章程和协议中应设置一个详尽的退出条款。

下面以案例形式来说明如何设置退出条款。

笔者的一名学员A是电影宣发行业的专家，并且是甲公司的实际控制人。多年前，A结识了一位所谓的行业大咖B，并邀请他担任甲公司的CEO，同时赠送15%的干股给B。然而，A犯了一个错误——将这15%的股权进行了工商登记。B在公司工作了三年，但未能取得任何显著成就，既没有推动业务发展，也没有引入重要资源。最终，B自觉尴尬，选择了辞职，并随即创办了一家与甲公司业务相同的乙公司。

尽管B离开了甲公司，但他仍然持有甲公司15%的股权。不久之后，A找到了一家投资机构，该机构愿意投资3000万元，占股15%（公司估值为2亿元）。但在对甲公司进行尽职调查时，投资机构发现公司有一位持股15%的小股东在外开设了同业竞争的乙公司，这种情况使得投资机构对投资产生了顾虑，考虑放弃投资。为了消除这个障碍，A向投资机构求助，询问如何解决这个问题。投资机构提出了两个简单的建议：一是让B出售他在乙公司的股权；

二是由 A 回购 B 在甲公司所持有的 15% 的股权。

然而，当 A 耐心地与 B 沟通此事时，B 的回答却是："请问你有什么权利要求我把乙公司卖掉？"这句话让 A 陷入了困境。

问题出现了：当你的股东开设了一家与你公司业务相同的公司时，是否就违反了《公司法》？在仔细研究《公司法》之后，你会发现没有任何一条明文规定股东不能从事同业业务。然而，当你的股东开始从事同业业务时，就会引起投资人的不满，在公司上市时也会遇到障碍，这正是《公司法》和《证券法》之间不协调的体现。即使你的公司不打算融资或上市，股东开设同业公司的行为仍然会对你的公司造成重大伤害。

由于法律没有明确规定你的股东不得开设与你公司业务相同的公司，因此，在实际操作中，就需要在公司章程或股东协议中做出相应的约定。务必记住，在公司章程或股东协议中，应当明确写入"股东负有不竞争的义务"这一条款。 一旦这样的条款生效，公司就不需要每年向遵守该规定的股东提供补偿，因为这是他们作为股东的义务之一。

不竞争义务针对的是股东，竞业限制则针对员工。如果公司与员工约定，在离职后两年内不得从事同行业工作，那么公司需要向其支付补偿金。将不竞争义务写入股东协议后，它就成了一种约定义务，时间限制甚至可以超过股权转让后的两年。因此，务必与核心员工，尤其是部门经理及以上的高级管理人员签署竞业限制条款，并与股东约定不竞争条款。这样做的目的是防止股东或高级管理人员离职后加入竞争对手的公司，从而引发法律诉讼。

另外有一个需要注意的概念是竞业禁止条款。竞业禁止条款是《公司法》中对董事、监事及高级管理人员的法定义务，仅限于约束他们在职期间的行为，并不要求支付补偿金。此外，《中华人民共和国刑法修正案（十二）》的第一条第一款规定，国有公司、企业的董事、监事、高级管理人员利用职务便利，自己经营或者为他人经营与其所任职公司、企业同类的营业，获取非法利益，数额巨大的，处三年以下有期徒刑或者拘役，并处或者单处罚金；数额特别巨大的，处三年以上七年以下有期徒刑，并处罚金。

在上述案例中，由于A和B此前并没有达成不竞争的约定，因此，A实际上没有权利要求B卖掉乙公司。当A提出回购B持有的甲公司15%的股权时，B要求按估值卖，按3000万元的价格进行交易。这让A非常气愤，因为B当初获得这15%的股权时没有付出任何成本，是干股。

为了避免大家将来陷入与A类似的困境，重要的是在公司章程或股东协议中写入一个回购条款。回购条款应包括触发条件和回购价格的确定方法，明确在何种情况下公司或其他股东有权回购股东的股权，以及回购价格的计算方式。

触发条件分为两类。第一类是基于重大过错的情形。如果某个股东发生了重大过错，其他股东有权按照事先约定的条款收回该股东的股权。在撰写合同条款时，不能仅仅写下"重大过错"，而是需要具体列举可能的情形，以免未来产生争议。重大过错包括行贿受贿、职务侵占、挪用资金、违反不竞争义务,以及给公司造成超过一定金额(比如30万元)的经济损失等。

对于因重大过错而被回购股权,其价格应该怎样确定呢?有人可能会说以1元的价格回购,但更合理的建议是以该股东的出资额来回购。例如,在上述例子中,如果股东B当初的出资额为0元,那么在违反不竞争义务的情况下,股东A就可以以0元的价格回购B持有的15%的股权。然而,如果合同条款仅这么写,可能会给公司或其他股东带来风险。例如,假设某科技公司的注册资本为1000万元,股东B出资300万元,占比30%,有一天股东B出现了重大过错,其他股东按照300万元回购对吗?如果此时公司的净资产只剩下500万元,那么股东B对应的净资产只剩下150万元,回购价格显然不合理。因此,更严谨的写法是:回购价格以股东的出资额或公司回购情形发生时上一月度净资产价值乘以被回购股东所持股权比例二者孰低价格回购。

第二类是基于无过错的情形。无过错也要回购吗?在某些特定情况下,即使股东没有犯错,也需要进行股权回购。举个例子,假如公司有一位持股15%的副总在某天不幸遭遇事故去世。副总的配偶和子女有权继承这部分股权,但他们却无法胜任副总的职位。在这种状况下,若公司考虑回购这些股权,应该如何定价?回购价格可以设定为回购情形发生时上一月度净资产与上一轮估值二者孰高乘以被回购股东所持股权比例。当然,在实际操作中还可以采用其他不同的计算方法,比如按照上一轮估值的70%等,这些都可以根据具体情况灵活调整。

触发条件的第二种情形比较有戏剧性,但这种情况并不少见。假设在你的公司中,有一位持股40%的第二大股东,其行为不检点,在外与其他女性发生婚外情。最终,其婚姻感情破裂,配偶愤怒之下提出离婚,并且在调解协议中分得了公司20%的股权。不幸的是,这位股东的前妻改嫁给了你的宿敌老王,这意味着老王持有你公司20%的股权。因此,你不得不面对与竞争对手共同持股的局面,而且每年在公司的股东会上讨论预算、战略规划等敏感话题时,老王作为股东之一必须受邀出席,他将掌握你公司的所有战略信息。这样无疑会让竞争对手对你的情况了如指掌,对你的公司极为不利。

为了避免这类情况的发生,有必要在合同中设置一个条款,即即使股东没有过错,如果出现离婚、继承等无过错情况导致股权被分割或被继承的,公司或其他股东有权按照约定回购这部分股权。

至于是否必须回购股权,答案是:不一定。回购条款可以设计为选择性回购,即赋予股东们回购股权的权利而非义务。在回购条款前加上"有权"二字,意味着拥有回购权利的股东可以根据具体情况自行决定是否行使这一权利。这为股东提供了灵活性,确保他们能够在对自己有利的情况下行使回购权。

这类回购条款应该写在什么地方呢?有人说写在公司章程里,实务中对于回购条款是否违反《公司法》存在不同的观点,有观点认为,回购条款剥夺了其他股东对外转让股权的权力,因此无效;有观点认为,回购条款属于对股东转让股权的限制性规定而非禁止性规定,系公司自治的体现,因此有效。

对此，笔者建议，若约定回购条款，应同步于公司章程和股东协议中，以保障股东权利的行使。

总结来说，有限责任公司在决议制定股权回购条款时应当注意以下几点：

（1）确保回购条款的合法有效。回购条款的内容不得违反法律、法规的强制性规定，且形成决议的程序应当符合法律、法规与公司章程。

（2）股权回购价格、股权转让方式的规定应当公平、合理。若股权转让价格、方式不合理，该条款将被视为对股东财产权的恶意侵犯，进而被认定为无效。

（3）回购股权期限应当合理。约定回购股权期限可以六个月作为基准。

（4）可约定合理的违约责任。约定一定的违约金。

股权估值是"喊出来"的

学习完股权设计的内容后，下面介绍一下股权融资。公司为什么要融资？如果你的公司没经历过融资，怎么确定公司的估值呢？

有人说他们公司的估值为1亿元，或者说有评估机构给他们估值5亿元，其实这些都没有用。

估值是怎么计算的？记住，估值的第一步是"喊"出来的。比如，我手里有一支3元购买的笔，我在课堂上叫价1000元，请问我这支笔值多少钱？不知道。但如果有人出价50元购买了我这支笔，那么这支笔就值50元。

同样，如果评估机构给公司估值为1亿元，那么它是不是就值1亿元呢？不一定。关键在于有没有人买，如果有人投资这家公司1000万元，占10%，那么这家公司就值1亿元。

这个估值在什么范围内有效呢？这取决于投资人的身份和影响力。如果投资人是某个特定社区或群体内的人物，比如小区里的王大爷，那么这个估值可能只在这个小区内得到认可，因为那里的人了解王大爷。同样，如果投资人是班级班长，那么这个估值可能只在班级内部有效。因此，投资人的公信力和身份决定了其投资的公司估值的认可范围。

在中国，如果一家公司得到了业内排名前50的投资机构的支持，那么它的估值在全国范围内都会得到广泛认可。那么如何吸引这样的投资机构呢？这通常需要经过一系列的融资轮次，从A轮、B轮到C轮等。在A轮可能会吸引到排名前500的投资机构，然后随着公司的发展和这些投资人对"套现"的需求，他们会寻找排名更靠前的机构接手，依次类推，直到达到全国排名前50的目标。

总结一下，首先，估值是通过投资人和市场共同认可的过程"喊出来"的；其次，这个估值必须要在实际的交易中得到确认；最后，投资人的信誉和市场地位对公司的估值有着至关重要的影响。因此，企业在寻求融资时不能盲目行动，选择不当的投资人可能会对公司未来的吸引力造成负面影响。

为什么很多公司对估值都如此重视呢？原因在于公司的估值与其未来的盈利能力相关。我们可以通过一个简单的财务计算来理解这一点。假设有一家公司A，其注册资本为2000万元，净资产为4000万元，去年的营业收入为1亿元，净利润为1000万元。如果我们不考虑其他因素，仅根据这一组财务数据，我们可以大致估算出公司A的估值。按照一般的行业标准，一个比较保守的估计方法是将公司的净利润乘以10倍，这主要是基于对公司未来盈利能力的预期。因此，公司A的保守估值大约为1000万元乘以10，即1亿元。请问这意味着什么？这个估值意味着：如果你现在以1亿元的价格出售公司，实际上等于将公司未来10年的利润一次性兑现。

许多公司积极寻求融资，实际上它们所追求的是未来的潜在收益。股权融资是一种非常有效的融资方式，但它同时也伴随着较高的风险，不少公司就因为对融资处理不当而出现了问题。

什么时候融资最好呢？对于公司而言，理想的融资时机是公司发展势头强劲、财务状况良好的时候，而不是资金紧缺的时候。这是因为融资不仅仅是为了解决当前的资金需求，更重要的是对公司的过去进行定价，为公司的未来发展筹集资本。通过这种方式，公司能够证明自己有能力达到市场给予的估值，进而在未来即使面临经营困难时，也能在再次融资时不被低估。因此，**明智的企业家应当记住，在公司最富有、发展最佳的时候进行融资，为公司未来的成长奠定坚实的基础。**

再回到前面说的融资要谨慎的话题。我们来看一个经典案例。

1992年，企业家L带着2万美元从国外回到中国创办了L餐饮。到了2000年，L以6000万元人民币注册了自己的商标，并立志要将品牌打造成为中国的"LV"。2008年，投资机构A以约2亿元人民币购入了L餐饮10%的股权，此时L餐饮的估值约为19亿元人民币。

投资机构A购买L餐饮10%的股权显然寄望于公司能够上市，因此与企业家L达成了一个对赌协议：如果L餐饮未能在2012年前成功上市，L必须以高价回购投资机构手中的股权。从2008年到2012年，L餐饮为了上市而努力拼搏。

L餐饮本身也有意上市，结果遇到了投资机构A。由于投资机构A在L餐饮的股份为10%（投资机构A入股后L餐饮股改为股份公司，所以对"股权"和"股份"的前后表述有所区别），导致主要股东的股权变得不明确，从而使得L餐饮在2011年的上市计划宣告失败。2012年，L餐饮继续尝试上市，但是这一年正逢中国证监会对餐饮行业进行严格审查，由于该行业普遍存在现金交易和不规范操作，L餐饮不幸成为审查的对象，其上市计划再度受挫。这时，企业家L开始感到焦虑，因为对赌协议中的四年期限即将到期，如果在这期间公司未能成功上市，将会触发回购条款。在2012年年底，L餐饮转向香港谋求上市，但此时L的企业家身份因为其海外国籍而遭到曝光，给公司上市带来了新的挑战。

为何企业家L会选择移民？部分原因是当时在香港上市的公司通常要求实际控制人具备移民身份。对于希望上市的公司来说，常常需要搭建一种称为VIE（可变利益实体）的架构，这种架构使得企业可以通过一系列协议来控制实际运营，而非通过股权。这种安排有助于国内企业实现在海外融资或上市的目的。

不幸的是，L餐饮在2012年并未能成功上市，因而触发了投资机构A所持有的对赌回购条款。根据该条款，企业家L需要回购投资机构A所持有的10%股份，并且支付年化20%的利息。这个利息明显高于常规的8%至12%市场利率，据此计算，企业家L需要支付高达4亿元人民币的回购款。然而，企业家L并不具备支付这笔巨款的能力。在这种情况下，投资机构A无须采取诉讼手段。根据对赌协议中的领售权条款，如果企业家L无法回购，则投资机构A有权通知企业家L后直接出售其持有的股权。

什么是领售权？领售权是指在对赌协议中，如果企业家L与投资机构A的对赌失败，企业家L必须回购投资机构A持有的10%的股份。如果L无法支付4亿元人民币回购款，投资机构A有权将所持股份出售给他人。由于售价可能低于4亿元人民币，投资机构A有权强制出售企业家L的部分股份以偿还4亿元债务。在这种情况下，投资机构A可以决定出售给谁以及以什么价格出售。在这种安排中，企业家L必须跟随投资机构A一起出售股份，这被称为领售权，也被称为强制随售权。具体地说，投资机构A为了保障自身利益，除了要求转让自己的10%的股份，还要求企业家L跟随出售70%的股份，两者合计达到80%的股份。这一比例超过50%，基本可以被视为一个清算事件，从而触发了投资机构A的清算优先权条款。

什么是清算优先权条款？当公司超过50%的股权被出售时，这一行为被视为清算。在清算期间，投资机构A有权优先收回其投资，然后企业家L才能取回自己的资金。具体地说，L的资金首先用于偿还A的4亿元债务。

因此，投资机构A从一开始就为企业家L设置了多重关卡：如果对赌成功，A将跟随L获得高额回报并顺利"套现"；如果对赌失败，L不仅要回购股份，还需支付20%的利息。如果L无力回购，A有权出售L的股份，并确保出售所得首先用于偿还A的债务。在这个案例中，企业家L由于对这些条款的潜在风险认识不足，并且未获得充分的专业建议，最终陷入了进退维谷的困境。

这个避坑条款很重要

企业家在为公司寻求融资时，务必要谨慎，因为投资协议中可能存在一些对创始股东不利的条款，一个重要的条款是保护性条款，如果没有它，就好比在帮投资人"养猪"，即为投资人培育价值，自己却未能得到相应的回报。

下面用一个案例来说明这一点。甲公司有两位股东，A持有60%的股权，B持有剩下的40%。当甲公司的估值达到1亿元时，出现了投资人C愿意投资1300万元以换取公司10%的股权。随着C的加入，A和B的股权将被同比例稀释了10%给C。

A兴奋地告诉笔者："宋老师，我们的公司成功融资了，估值为1亿元，并且通过出让10%的股权筹集到了1300万元，比预期多出了300万元。"笔者却泼了他一盆冷水："别高兴得太早，这不过是你'养猪'生涯的开始而已。"笔者进一步解释道："虽然公司账面上多了1300万元，但这些钱是属于公司的，与你个人无关。"

三年后，公司估值达到了2亿元。这时，C决定将其持有的10%股权卖给D，双方以2000万元的价格成交。这意味着C在这短短三年内赚了700万元的差价。听到这个消息后，A又给笔者打电话说："宋老师，我们公司的估值已经涨到2亿元了，那个人卖掉了10%的股权，获得2000万元。"笔者回应道："这跟你有什么直接关系吗？别忘了，当初C投入的1300万元就好比给公司的'猪'喂了一把饲料，现在这头'猪'长大了，C把它卖了个好价钱，这并不意味着你个人因此得到了好处。"A反驳道："不对呀，宋老师，公司估值涨了，我手上剩下的股权不是也变得更值钱了吗？"

的确，在公司估值上升的情况下，A所持股份的相对价值看似提高了。然而，如果A不能在公司层面获得实质性的利益分配（如股息支付或股份回购），那么这种价值的增长并不能直接转化为 A 个人的财富。

俗话说"有价无市"，意思是虽然表面上看你的股份是有价值的，但实际上能不能找到买家就是另一回事。投资机构通常有能力找到接盘者，但作为普通股东的你，可能就没那么容易了。就算有新的投资人愿意继续投资，他们通常会选择增资扩股的方式进入，而不是帮助原有股东套现。这样一来，你就像是开始了新一轮的"养猪"生涯，继续为将来的买家培育价值。

许多企业家没有完全理解融资的逻辑，他们不清楚如何避免成为投资人的"养猪场"。其实，要改变这种局面并不难，只需在投资协议中加入一个简单的条款即可，也就是共同出售权条款。针对上述案例，当 C 第一次投资甲公司的时候，就应在条款中写明 A、B 股东享有共同出售权。如果有一天 C 要卖掉这 10%，那么 A、B 可以一起卖。

此外，在进行融资之前，公司必须做好充分准备。当投资人表现出兴趣并计划投资时，他们通常会派遣律师和财务顾问到公司进行深入的尽职调查。在这个阶段，投资人可能会请求查看公司的财务秘密和商业机密。然而，公司应该谨慎对待这些信息，因为它们在未来可能作为法律诉讼的证据。

因此，公司在融资前应寻求信任的会计师和律师的帮助。会计师可以帮助整理和审查财务账目，确保一切符合规定，而律师可以帮助梳理公司历史沿革，解决潜在的法律问题，并确保所有敏感信息得到妥善保护。

很多企业家往往忽视了这一点，直到问题出现后才意识到其重要性。实际上，通过系统性的法律体检，大多数问题都可以被发现并被及时解决。

这里举一个简单的例子来说明这个问题，假设在疫情期间，公司遭遇财务困难，老板向公司注入了200万元以支付员工工资。疫情过后，公司财务状况好转，老板决定购买一辆价值100万元的车，并将其登记在自己名下，于是从公司账上支出了100万元。请问这个行为是否合适？显然不妥，甚至可能构成犯罪行为。老板可能会说："我给公司投了200万元，现在拿回100万元，这应该没问题吧。"但是，这种观点并不符合法律规定。因此，公司在融资前应该解决这类潜在问题，以确保公司面对投资人时处于最佳状态。

从上面的案例可得出一个道理：**企业家要想成功经营公司，身边一定要有三类人当好朋友。第一类人是律师，第二类人是会计师，第三类人是投资人。**如果你有意将企业做大做强，就必须与这三类人建立良好的关系。

公司章程的重要性

下面以一个小故事的形式，带你认清公司章程的重要性。

一家公司的小股东向大股东提出请求："大哥，我有个朋友在外面借了 1000 万元，现在银行要求提供担保，我们公司能不能帮忙担保一下？"

大股东回应道："小弟，提供担保意味着公司可能需要承担连带责任，这涉及公司资产的安全，我觉得风险太大，所以不能同意。"

小股东说："我知道我在公司里的股权比你少，但现在只是要求签一个担保协议，又不是真的让公司出钱，你为什么不同意？别忘了当初公司在初创阶段是我卖了房子借钱给你，才有了公司的今天。如果你连这点忙都不肯帮，还算什么兄弟？"

最终，因为这个分歧，大股东和小股东的关系破裂，公司也因此破产，故事以悲剧收场。

怎样防范这类风险呢？避免这种风险的关键在于事先在公司章程中明确相关规定。一旦写进章程里，任何违反章程的要求，都不被允许。

在公司章程中明确规定："公司不得以任何形式使用其资产为公司以外的任何单位、组织或个人债务提供借贷、担保、抵押或质押。"这样的条款可以有效地防止类似情况的发生，从而保护公司的资产和股东的整体利益。

此外，为慎重起见，有的公司还会在公司章程里写明："股东不得以其所持公司股权为任何第三方提供任何担保、质押或其他权利负担,更不得因个人行为导致公司股权被冻结或拍卖。"

每一个公司设立时,都需要有公司章程,如果在前期,大小股东对于公司的经营方向、权益分配、决策机制以及争议解决方式等核心问题,都能够开诚布公地进行深入讨论,并将共识明确地写入公司章程之中,那么公司未来的发展就会少许多不必要的波折,股东之间不会陷入无休止的争执和猜疑之中。

公司章程不仅是公司的基本法,更是股东之间信任与合作的基础,在制定公司章程时,务必做到详尽而周密,既要考虑到当前的实际情况,也要预见未来可能遇到的问题,并提前做出合理的安排。

股权融资

当我们考虑出售公司股权时,首先需要做的是估值定价。我们已经讨论过几种常见的定价方法,如市销率"法"、市净率"法"和市盈率"法"。不过,在对外融资时,还有一些其他方法可以使你获得更有利的定价。

第一种方法是引入外部投资人的定价。举个例子,假如公司计划进行股权激励,注册资本为2000万元,你想出售10%的股权给员工。假设公司成立一年尚未盈利,这10%的股权理论上值200万元。让员工花200万元买10%的股权,员工买不买?不买。假如一家投资机构愿意投 600 万元获取 10% 的股权，现在员工买不买？即使卖员工 300 万元，他也会考虑买。

有人可能会质疑，既然公司尚未盈利，怎么可能有价值呢？实际上，公司价值并不完全取决于当前的盈利能力。比如，有些知名公司在持续亏损的情况下仍然能够吸引投资，原因在于它们具有巨大的成长潜力。因此，公司估值的关键在于外界对它的认可，它的价值由投资人和其他市场参与者决定它值多少，而不是一个固定不变的财务数字。

第二种方法是采用对赌协议。假设你的公司目前亏损，净资产为 5000 万元，但你希望能够以 1 亿元的价格出售股权。在这种情况下，你可以与投资机构进行业绩对赌。你可以承诺，如果他们愿意投入 5000 万元，你保证在接下来的一年里将公司业绩提升至 1 亿元。如果达不到目标，你愿意赔偿他们的损失。这种方法要求你对自己公司的未来有很强的信心。只要你能够说服投资人相信你的能力，他们就可能愿意投资。然而，一旦接受了投资，你就必须努力实现你的承诺，专注于实际的业务运营和管理。

现在，如果一个投资机构有兴趣投资你的公司，他们通常会要求签订对赌协议。这相当于将自己的个人资产与公司的未来表现挂钩。如果不签订这样的协议，他们就可能不会投资。

对赌失败的例子太多了，面对现实，有时候我们不赌又不行。下面来看一个案例。

06　股权经营中的法律风险

笔者一个客户的公司正准备在新三板挂牌,并且已经与投资人谈妥,融资 2500 万元。然而,投资人在投资前提出签订对赌协议的要求。如果不签,新三板挂牌就会受阻。如果签了以后挂牌失败,那么他需要赔偿投资人 4500 万元。这对于他和他的家庭来说无疑是一场灾难。

他将这个困境告诉了他的妻子,并提出了一个看似合理的解决办法:他们可以假离婚,然后他将 500 万元转到妻子的账户,这样即便他失败了,家里至少还能剩下一些财力来抚养孩子和维持生活。他的妻子听后感动于他的体贴,但随即产生了疑问:是否真的必须离婚?其他人对赌也没有采取这种极端措施呀?

他的妻子随后打电话向笔者求证他们是否需要离婚。作为他们共同的朋友,笔者深知牵涉的道德和法律问题非常复杂。于是,笔者立场很坚定地站在维护他们婚姻存续的角度,解答了这个问题。

对于上面这种情况,虽然对赌协议可以签,但老板不必将身家性命押上。所以一定要注意以下关键点。

第一,对赌协议应与目标公司一起对赌。

过去,对赌协议通常只与大股东(无论是自然人股东还是法人股东)签署,而不涉及公司本身。然而,随着法律体系的完善,2019 年,最高人民法院发布的《全国法院民商事审判工作会议纪要》(即著名的《九民纪要》)确认了公司对赌的有效性。因此,现在的对赌协议不仅应该包括大股东,还应该包括公司本身,使得对赌责任的承担主体更加合理化。

第二，大股东应与小股东一起对赌。

在商业实践中，对赌协议通常只与大股东签订，因此，大股东很少会带上小股东一起参与对赌。这种做法有两个常见原因：首先，大股东可能不清楚还可以让小股东参与对赌，认为只有大股东才能进行对赌。其次，大股东可能出于保护小股东的考虑，认为如果对赌失败，损失由自己一人承担，不会影响到团队其他成员。然而，这种做法实际上是过于仁慈了。中国有句古话叫"慈不带兵，义不养财"，意思是说，过于仁慈的人不适合领导军队，而过于讲义气的人难以积累财富。如果只有大股东一人对赌，那么整个公司的压力都将集中在大股东身上，而小股东则没有相应的压力。在这种情况下，公司盈利时，小股东可以享受利润而不分担风险；公司业绩不佳时，小股东也不需要承担相应的责任。他在工作中不会感受到压力，这将导致大股东独自承受对赌的压力。因此，应该让公司和小股东一起参与对赌，共同承担压力和风险，这样才能激发他们的动力，共同推动公司发展。

另外，这样做也是为了防止小股东"篡权""后院起火"。也就是说，一些小股东为了取得公司控制权，故意干扰公司经营，使得约定条件无法实现，以致大股东丧失对公司的控制权，将自己一手培养出来的果实拱手让人。所以，对赌一定要和所有的股东一起对赌，这叫共享利益、共担风险。

第三，股东只能以所持股权比例为限承担连带责任。

当对赌条款被触发时，应当保证股东所持股权比例对应估值能够完全覆盖对赌违约后果。例如，假设我们融资 5000 万元，对赌失败则可能要偿还 1 亿元。这时我们把家庭财产全部搭进去合理吗？不合理。股东在签署对赌协议时，不能为了证明自己的信心就拿全部的身家性命"豪赌"。想在竞争激烈的商场上开疆拓土，应始终保证自己的"大本营"固若金汤，保证家庭生活不受影响。

因此，在签署对赌协议时，务必确保责任限制在股东持有的公司股权比例范围内。如果对赌失败，那么股东按照他们在公司的股权比例向投资机构转让相应股权就可以了，避免将家庭财产牵扯进来。投资机构有时会在协议中要求以家庭财产作为担保，这种协议不能签，做事业时不能把家人的安全和幸福置于风险之中。

在人的一生中，我们最大的合伙人往往是我们的配偶。父母和子女不是我们可以选择的，而配偶是我们最重要的选择。在事业上，我们的合作伙伴应排在配偶之后。为了保护家庭不受对赌协议的影响，我们可以采取一些预防措施。例如，在签署协议之前，我们可通过设立保险和信托等方式隔离部分资产，使这些资产不计入责任资产中。此外，我们还可以通过制定婚内财产协议并将其披露给投资机构，来避免因融资而使家庭承担连带责任。

第四，对赌要注意刑事风险。

当投资机构对一家公司进行投资时，他们会进行全面的尽职调查，这包括对公司的法律、财务和业务进行深入调查。在这个过程中，公司需要提供包括账册在内的各种资料。然而，这些资料中如果包含诸如偷税、漏税等违法行为的证据，则可能给公司带来潜在的风险。如果投资人某天计划对公司或其实控人不利，那么他们可以利用这些材料作为证据。文明一些的投资人可能会通过合法的民事诉讼起诉公司，例如，前面提到的L餐饮案例。然而，如果遇到不择手段的投资人，他们可能会采取刑事手段，利用这些材料对相关人员进行指控，导致公司相关人面临牢狱之灾。

因此，当一个投资机构想要对你的公司进行投资，并要求做尽职调查时，务必保持警惕。在签署保密协议之前，不要提供任何敏感资料。在保密协议签署后，提供资料时应注意以下几点。

- 仅提供工商行政管理部门的官方档案，即从工商行政管理部门获取的工商登记档案。

- 在财务方面，只提供给税务局的年度报告，其他财务资料不要透露。

- 提供的所有资料应为复印件，不要提供具有法律效力的传真件，同时避免通过电子邮件发送，最好当面提供，减少被公证留证的风险。

在双方达成初步意向后，当投资方进入公司做深度尽职调查时，要严格控制资料的外带。投资方可以查看会计账簿，但不能拿走原件，只能拿走复印件，并且要确保提供的信息始终一致，即只展示一套账本。

在进行股权融资时，为了确保自身利益，企业家应当关注以下几个关键条款。

- 对赌条款和回购条款：确保这些条款的设定不会导致股东个人和家庭财产承担无限责任。
- 股权控制权和一票否决权：留意这些权利的分配和设置，以维护自身在公司中的控制权。
- 董事会席位条款：保持在董事会中的代表席位，以确保对公司发展方向的掌控。
- 创始人团队全职条款：确保创始团队成员全职投入公司运营，一方面符合投资人的期望，另一方面保证团队成员的完整性。
- 优先清算权条款：注意这一条款的行使条件，避免因投资人滥用导致其他股东最终一无所获。
- 激励式条款：预留一定比例的激励机制，以激发团队成员的积极性，进而促进公司的发展。

此外，在此建议协议双方将争议解决方式设定为仲裁条款。根据现有的数据，仲裁相比法院诉讼能提供更多的意思自治空间。当双方发生纠纷时，选择仲裁是一个不错的选择。

从根本上说，未来充满无数可能性。一纸对赌协议就像大浪淘沙，去除杂质，留下真正的黄金。笔者的主要任务是帮助企业家规避不必要的风险，并协助他们看清协议中的约束，防止企业家因法律经验不足而遭受损失。

中国对赌"第一案"

动态股权设计的关键一环就是对赌条款的约定,它的微妙设计往往涉及触发之后的领售权与强制回购权能否顺利衔接。从我国的金融维度来看,这一切都开始于下面这个案件,案件情况如下。

2007年11月,苏州工业园区海富投资有限公司(以下简称"苏州海富公司")与甘肃世恒有色资源再利用有限公司(以下简称"甘肃世恒公司")、香港迪亚有限公司(以下简称"香港迪亚公司")、陆波(香港迪亚公司法人)签署增资协议(以下简称"协议")。

协议约定,香港迪亚公司原持有甘肃世恒公司100%的股份,苏州海富公司增资甘肃世恒公司2000万元,其中114.7717万元进注册资本,占股3.85%,1885.2283万元进资本公积金。增资后香港迪亚公司持股96.15%。

协议第七条第二项业绩目标约定,甘肃世恒公司在2008年度净利润不低于3000万元。如果甘肃世恒公司在2008年度实际净利润达不到3000万元,那么苏州海富公司有权要求甘肃世恒公司予以补偿,如果甘肃世恒公司未能履行补偿义务,苏州海富公司则有权要求香港迪亚公司(大股东)履行补偿义务。补偿金额=(1-2008年度实际净利润/3000万元)× 本次投资金额。

工商年检报告显示,甘肃世恒公司在2008年度的实际净利润仅为26858.13元,未达到其承诺的净利润。2009年12月,苏州海富公司随即向兰州市中级人民法院提起诉讼,请求判令甘肃世恒公司、香港迪亚公司、陆波（合同签字法人）向其支付协议约定的补偿款1998.2095万元。

这个案件从2009年12月30日开始在兰州市中级人民法院进行了一审，然后上诉至甘肃省高级人民法院进行二审，到2012年11月7日，历时近三年，最后在最高人民法院的再审判决中落下帷幕。

案件最大的一个争议焦点，就是协议第七条第二项的对赌约定是否有效，如果有效，那么应由谁承担补偿责任。

一审判决"苏州海富公司败诉"：协议虽然是双方的真实意思表示，但由于违反《公司法》第二十条第一款（新修订的《公司法》变更为第二十一条第一款）不得损害公司利益及当时的《中华人民共和国中外合资经营企业法》（于2020年1月1日废止）第八条企业利润根据合营各方注册资本的比例进行分配的强制性规定，故条款无效。

二审判决"各打一棒"：由于协议所约违反了投资领域风险共担的原则，"明为联营，实为借贷"，所以合同无效。判令甘肃世恒公司、香港迪亚公司将苏州海富公司计入资本公积金部分投资款1885.2283万元及利息按借款共同返还苏州海富公司。

最高人民法院判决"应由香港迪亚公司向苏州海富公司支付全部协议补偿款"：要求甘肃世恒公司补偿条款无效，原因是苏州海富公司可以取得相对固定的收益约定脱离了甘肃世恒公司的经营业绩，损害了公司利益和公司债权人利益；要求香港迪亚公司（大股东）补偿条款有效，该补偿承诺并不损害公司及公司债权人的利益，不违反法律法规的禁止性规定，是当事人的真实意思表示。

对赌协议即估值调整机制，是收购方（包括投资方）与出让方（包括融资方）在达成并购（或者融资）协议时，对于未来不确定的情况进行的一种约定，包括股权回购、金钱补偿等对公司未来估值调整的内容。

在对赌协议中，常见的约定条款包括业绩、净利润、上市时间等，其他双方同意且不违反法律规定的事情也可以成为对赌协议的约定条件。在这些协议中，双方所"赌"的权利往往体现为股权、后续投资额或者现金。

除了对赌协议的甲乙双方、约定的条件和所赌的权利，协议中还有一个重要的部分就是对赌机制。根据目标权利的不同，通常分为针对股权的股权回购条款、针对后续投资额的估值调整条款，以及针对现金的业绩补偿条款。

值得说明的是，上述案件的协议中第七条第四项的回购约定也格外精彩，这里摘录出来供大家借鉴："如果至2010年10月20日，由于甘肃世恒公司的原因造成无法完成上市，则苏州海富公司有权在任一时刻要求香港迪亚公司回购届时苏州海富公司持有之甘肃世恒公司的全部股权，香港迪亚公司应自收到苏州海富公司书面通知之日起180日内按以下约定回购金额向苏州海富公司一次性支付全部价款。若自2008年1月1日起，甘肃世恒公司的净资产年化收益率超过10%，则香港迪亚公司回购金额为苏州海富公司所持甘肃世恒公司股份对应的所有者权益账面价值；若自2008年1月1日起，甘肃世恒公司的净资产年化收益率低于10%，则香港迪亚公司回购金额为（苏州海富公司的原始投资金额－补偿金额）×(10%×投资天数／360)。"

07

总结

股权的十大机制

在未来社会，拥有股权将是财富的源泉。政策鼓励"让一部分人先富起来，然后先富带动后富"。怎样才能实现"先富带动后富"呢？股权就是这种"先富带动后富"理念的关键驱动力。因此，在未来市场中，掌握股权、资本运作、兼并与收购策略，以及拥有宏大视野和战略眼光的人，将能够主导市场。学习经营和管理能够让企业盈利，而掌握股权和资本知识，则能让企业实现价值的最大化。

学习完前面的内容后，大家能学到什么知识呢？概括地讲，其实就是股权的十大机制。

第一，股权的布局机制。企业"始乱"则"终弃"，如果你从一开始都没有想把一家公司干好，那么这家公司肯定做不大。

第二，控制权机制。它对于避免大股东失控及企业内部损耗有着举足轻重的作用。确保权力的合理分配和行使，是维持企业稳定和促进健康发展不可或缺的一环。

07 总结

第三，动态调整机制。 许多企业在经历风雨时，股东和合伙人能够团结一致；但在享受成功和富贵时却分崩离析，原因就在于缺乏应对变化的动态调整机制。

第四，退出机制。 企业在引入合伙人或投资人时，应该有明确的退出条款，以免日后出现难以解决的僵局，即所谓的"请神容易送神难"。

第五，企业内部治理机制。 内部治理在于其"内调"的精细与深远，正如中医中的"内调"理念，强调的是一种循序渐进、细致入微的调整过程。这种"内调"不仅关注当前问题的解决，更注重长远的发展与预防。

第六，股权架构设计机制。 如何设置合理的股权结构，以支持企业当下生存和长远业务串联，是每个创业者和企业管理者必须深思熟虑的问题。

第七，股权融资机制。 在这个世界上，值钱的企业未必赚钱，赚钱的企业未必值钱。如何让企业的估值增高？关键在于如何通过有效的融资手段来提高企业的估值。

第八，股权激励机制。 它能够改变企业中劳资双方的关系。在没有实施股权激励的环境中，老板可能感觉像在为员工打工。然而，一旦引入了股权激励机制，员工就会为了自己的利益而努力工作，从而为老板打工。

第九，分配机制。 "不患寡而患不均"。企业内部的股权分配重点在于每个人的所得与付出成正比、有依据，相对公平，这样才能保持团队的和谐与动力。

第十，考核机制。它对于企业管理而言是"升米恩，斗米仇"的原则。一味地赠送股权，只会诱发人性的懒惰和贪欲，适度的授予加上考核机制，才会刺激其正向进步。

至此，本书的核心内容已经全部介绍完了。对于所讲内容和大家的运用能力，这里可以用《金刚经》里佛祖的一段话来概括"知我说法，如筏喻者，法尚应舍，何况非法"。意思是，知道笔者在这里讲知识，讲的知识中大部分是打比方、举例子，不一定适合你。这里只是提供一个参考，具体还要结合自己公司的实际情况来实施。"法尚应舍"的意思是笔者讲的内容虽然是对的，但你要懂得取舍。"何况非法"的意思是说何况笔者讲的内容还不完全对。（说明：这里仅为对佛法的另一种理解。）

《金刚经》的全称叫《金刚般若波罗蜜经》，其中的"金刚"指的是心，因为心是最坚固的。"般若"指的是智慧。"波罗蜜"指的是到达彼岸。合起来的意思就是，我们创业的初心可能就是让家人吃饱穿暖、孩子能上得起学，但由于受到纷繁复杂的世俗的干扰，你这颗心就不坚固了。所以说，羚羊角可破金刚心，羚羊角就是人的贪嗔痴。企业家是最贪嗔痴的，是最容易忘记初心的。企业越往上发展，企业家的贪嗔痴就越强烈，然后回过头你会发现，连当时的初心都没有实现，有的可能已经妻离子散。所以说，智慧火可烧羚羊角，智慧火就是般若。金刚般若波罗蜜指的就是，用智慧来保持我们的初心到达彼岸。所谓"法"，就是帮你从 A 点到达 B 点的工具，到达 B 点就意味着到达彼岸，靠的是智慧和坚定的心。

到达彼岸需要坐船，借助船才能到达。但你都从 A 点到达 B 点了，还要船做什么呢？所以你要扔掉船，要"法尚应舍"。

每一个人都有两面性，上半身是人性，下半身是兽性，在人性与兽性交界的地方就是心，是一颗如果定性不够就会左右摇摆的心。

这与中国的古法哲学是一个道理。企业家要想治理好企业，就要用道家思想，因为道家思想是用来解决人与人之间关系的。如果想解决企业的上下级管理，就要用法家思想，因为法家思想可以解决规章制度和奖惩问题。企业家如果想管理好基层员工，就要用儒家的思想去关心员工，给他一些生活上的帮助，做好企业文化。因为儒家讲究的是和，所以也可以用儒家思想来处理自己和同行以及上下游的关系。如果企业想做兼并，就要用墨家思想，墨家思想教会你兼并要有格局。但是，这所有的问题都解决完之后，就能找到初心吗？不能。所以要用佛家思想解决内心。狮身人面像只是一个表象，你到一家寺院时，第一眼看到的是弥勒佛，笑脸迎人、大肚能容。企业家也应该是这样的，首先是一个弥勒，对待任何人都要"和善"、要宽容，这样才能做到和、做到兼并。但是当你绕到弥勒佛背面的时候，看到的是韦驮菩萨，手拿金刚杵、降妖伏魔。对于企业家来说，只有"和"还不够，仅笑脸迎人也不够，既然与人合作，就要遵守他人的规则，否则要被人打。

进入寺院之后，有四大金刚，弹琵琶的金刚告诉我们要张弛有度，眼睛能看很远的金刚告诉我们要有眼界、有战略。四大金刚中的每一个都代表不同的意思，这就是佛的组织结构，企业家管理企业要不断去学习。

附录

附录 A 有限合伙《合伙协议》模板

×××（有限合伙）合伙协议

本协议用于企业内部员工股权激励持股平台设立时工商备案使用。因各地市场监督管理局要求不一致，因此对于条款内容，不同地区可能会存在不同的要求，建议根据实际情况自行修改。

中国·北京

二〇二四年七月

附录

目录

第一章　　总则

第二章　　合伙企业的名称和主要经营场所的地点

第三章　　合伙目的和合伙经营范围

第四章　　合伙人的姓名或者名称、住所

第五章　　合伙人的出资方式、数额和缴付期限

第六章　　利润分配、亏损分担方式

第七章　　合伙人责任承担和追偿

第八章　　合伙事务的执行

第九章　　入伙与退伙、除名

第十章　　争议解决办法

第十一章　合伙企业的解散与清算

第十二章　保密义务

第十三章　违约责任

第十四章　其他事项

附件一：《合伙人基本信息》

附件二：《合伙人出资表》

×××（有限合伙）合伙

第一章 总则

第一条 根据《中华人民共和国合伙企业法》（以下简称《合伙企业法》）及有关法律、行政法规、规章的有关规定，经协商一致订立本协议。

第二条 本企业为有限合伙企业，是根据协议自愿组成的共同经营体。全体合伙人愿意遵守国家有关的法律、法规、规章，依法纳税，守法经营。

第三条 本协议条款与法律、行政法规、规章不符的，以法律、行政法规、规章的规定为准。

第四条 本协议经全体合伙人签名、盖章后生效。合伙人按照合伙协议享有权利，履行义务。

需要由全体合伙签署的文件，合伙人是自然人的，由本人签字；合伙人是法人或其他组织的，由该法人或其他组织加盖公章。

第二章 合伙企业的名称和主要经营场所的地点

第五条 合伙企业名称：_____（有限合伙）

附录

第六条 企业经营场所：_____

第三章 合伙目的和合伙经营范围

第七条 合伙目的：本合伙企业所有有限合伙人均为【 】公司（以下简称"目标公司"）员工，全体合伙人将通过本合伙企业，将所有合伙人的出资全额投资到目标公司，由本合伙企业获得目标公司【 】%的股权。

> 提示：如本合伙企业为主体公司的持股平台，则此处建议填写主体公司名称。

第八条 合伙经营范围：_____

除非普通合伙人同意，合伙企业不得对外借款。如之后有除目标公司外的其他投资安排，应经普通合伙人同意。

> 提示：此处为特殊设置条款，如本持股平台同时投资其他板块公司，则建议做相应调整。

第九条 合伙企业自营业执照签发之日起成立，合伙期限为营业执照签发之日起30年，经全体合伙人同意可延长期限。

第四章 合伙人的姓名或者名称、住所

第十条 合伙企业由【 】名合伙人共同出资设立，其中，普通合伙人1名，有限合伙人【 】名。各合伙人的具体信息见附件一（包含完整准确的姓名（名称）、身份证号（统一社会信用代码）、住所、联系方式等信息）。以上合伙人为自然人的，均具有

> 提示：建议在表中添加信息，避免正文杂乱。

完全民事行为能力。

第五章 合伙人的出资方式、数额和缴付期限

第十一条 合伙企业注册资本为人民币【 】万元。投资总额为：人民币【 】万元。各合伙人的出资方式、数额和缴付期限等详见附件二。

提示：如有溢价投资，建议与实际溢价保持一致。

第十二条 各合伙人应按照附件二的出资时间安排，以货币方式缴付全部出资额。

如有限合伙人为溢价出资，则表示其认可目标公司及合伙企业的估值价值，同意以溢价估值进行认购。

如有限合伙人到期未足额缴付，经普通合伙人主张，该合伙人应将未足额缴付的出资份额无偿转让给普通合伙人或其指定合伙人（如涉税费，由转让方承担）。如有限合伙人未按约定出资，则视为自动放弃合伙资格，不予工商登记。全体合伙人另有约定的从约定。

第十三条 除非全体合伙人一致同意，任何合伙人均不得在其持有的合伙企业份额上设定任何质押、担保。

第六章 利润分配、亏损分担方式

第十四条 与合伙企业设立、运营、终止、解散、清算等相关的费用,应由合伙企业直接承担。

在合伙企业正常设立及运营范围之外,应部分有限合伙人要求产生的费用(包括但不限于部分有限合伙人向第三方转让其出资额发生的工商变更登记费用),由该等提出要求的有限合伙人承担。

第十五条 合伙企业的收益在扣除合伙企业日常管理费用后,全体合伙人按照各自的实缴资本对应注册资本比例分红,另有约定的除外。

合伙企业向全体合伙人分配收益时,普通合伙人有权根据法律法规的要求或可合理预期的合伙企业支付费用、清偿债务或履行其他义务的需要,在分配前预留合理数额资金。

第十六条 合伙企业的亏损分担,按如下方式分担:普通合伙人承担无限连带责任、有限合伙人按认缴出资比例承担有限责任。

第七章 合伙人责任承担和追偿

第十七条 执行事务合伙人为普通合伙人的,在执业活动中因故意或者重大过失造成合伙企业债务的，应当承担无限责任或者无限连带责任，有限合伙人以其在合伙企业中认缴的财产份额为限承担责任。

合伙人在执业活动中非因故意或者重大过失造成的合伙企业债务以及合伙企业的其他债务，由全体合伙人承担责任。

第八章 合伙事务的执行

第十八条 全体合伙人在此一致决定，委托普通合伙人【 】为本合伙企业的执行事务合伙人，对外代表本合伙企业。

提示：普通合伙人兼执行事务合伙人通常为实际控制人或其指定人。

第十九条 不执行合伙事务的合伙人有权监督执行事务合伙人执行合伙事务的情况。执行事务合伙人应当定期（每年一次）向其他合伙人报告事务执行情况以及合伙企业的经营和财务状况，其执行合伙事务所产生的收益归合伙企业，所产生的费用和亏损由合伙企业承担。

第二十条 合伙人分别执行合伙事务的，执行事务合伙人可以对其他合伙人执行的事务提出异议。提出异议时，暂停该事务的执行。如果发生争议，依照本协议第二十二条的规定作出表决。受委托执行合伙事务的合伙人不按照合伙协议的决定执行事务的，其他合伙人可以决定撤销该委托。

执行事务合伙人的撤销委托条件为：

1. 作为合伙人的自然人死亡或者依法宣告死亡；

2. 个人丧失偿债能力；

3. 作为合伙人的法人或者其他组织依法被吊销营业执照、责令关闭、撤销或者被宣告破产；

4. 法律规定或者合伙协议约定合伙人必须具有相关资格而丧失该资格。

执行事务合伙人的更换程序为：取消执行事务合伙人应当提前20天发出书面通知并召开会议。

第二十一条 执行事务合伙人对全体合伙人负责，行使下列职权：

提示：本条内容与《合伙企业法》不一致，为特殊设计条款，以保证实际控制人的控制权。

1. 对外代表合伙企业，执行合伙事务；

2. 制定、决定合伙企业的年度财务预算决算、利润分配亏损分担方案；

3. 决定合伙企业的内部管理机构、分支机构、对外投资机构，制定合伙企业的管理制度；

4. 转让合伙企业持有的目标公司的股权；

5. 代表合伙企业参加目标公司股东会并表决签字；

6. 依据合伙人决议文件，代表全体或任一合伙人在合伙企业的工商登记文件上签字；

7. 决定合伙企业经营管理中的其他事项。

第二十二条 执行事务合伙人职权内的事项，执行事务合伙人有权自行决定，依规定办理。职权外事项，或合伙协议未约定或约定不明确的，实行合伙人一人一票过半数并经普通合伙人通过的表决办法。

提示：本条内容与《合伙企业法》不一致，为特殊设计条款，以保证实际控制人的控制权。

涉及合伙企业变更登记事项时，由执行事务合伙人签署变更决定书并办理工商变更登记手续。

第二十三条 合伙企业的下列事项应当经全体合伙人一致同意：

1. 改变合伙企业的名称；

2. 改变合伙企业的经营范围、主要经营场所的地点；

3. 处分合伙企业的不动产；

4.转让或者处分合伙企业的知识产权和其他财产权利;

5.以合伙企业名义为他人提供担保;

6.聘任合伙人以外的人担任合伙企业的经营管理人员。

第二十四条 除已披露的外,有限合伙人不得自营或者同他人合作经营与本合伙企业相竞争的业务(在目标公司及其关联公司投资、任职情形除外),有限合伙人不得同本合伙企业进行交易,有限合伙人不得从事损害合伙企业利益的活动。

第二十五条 有限合伙人不执行合伙企业事务,不得对外代表本合伙企业。有限合伙人的下列行为,不视为执行合伙事务:

1.对合伙企业的经营管理提出建议;

2.参与选择承办合伙企业审计业务的会计师事务所;

3.获取经审计的合伙企业财务会计报告;

4.对涉及自身利益的情况,查阅合伙企业财务会计账簿等财务资料;

5. 在合伙企业中的利益受到侵害时，向有责任的合伙人主张权利或者提起诉讼；

6. 执行事务合伙人怠于行使权利时，督促其行使权利或者为了合伙企业的利益以自己的名义提起诉讼；

7. 依法为合伙企业提供担保。

第九章 入伙与退伙、除名

第二十六条 新合伙人入伙，须经普通合伙人同意，由普通合伙人与新入伙合伙人共同签署书面入伙协议。订立入伙协议时，普通合伙人应当向新合伙人如实告知原合伙企业的经营状况和财务状况。

入伙的新合伙人与原合伙人享有同等权利，承担同等义务。新普通合伙人对入伙前合伙企业的债务承担无限连带责任；新入伙的有限合伙人对入伙前合伙企业的债务，以其认缴的出资额为限承担责任。

第二十七条 【协议退伙】合伙人退伙，可以依照本协议的约定转让其财产份额或者要求合伙企业退还其财产份额。

有限合伙人转让财产份额的，应当经普通合伙人同意，并且普通合伙人享有优先购买权，合伙人

提示：本章内容与《合伙企业法》不一致，为特殊设计条款，如有限合伙非员工激励持股平台，建议慎重使用。

另有约定的除外。有限合伙人擅自转让财产份额的（含有偿转让、无偿赠与转让），转让行为无效。

第二十八条 【声明退伙】有限合伙人有《合伙企业法》第四十五条规定的情形之一的，可以退伙，合伙人另有约定的除外。违反《合伙企业法》第四十五条规定退伙的，应赔偿由此给合伙企业造成的损失及违约责任。

第二十九条 【当然退伙】普通合伙人有《合伙企业法》第四十八条规定的情形之一的和有限合伙人有《合伙企业法》第四十八条第一款第一项、第三项至第五项所列情形之一的，可以退伙，合伙人另有约定的除外。退伙事由实际发生之日为退伙生效日。

由于本合伙企业有限合伙人均为具有特殊身份的目标公司员工，关于有限合伙人的死亡、继承等情形，由合伙人另行约定。

第三十条 【除名退伙】合伙人有《合伙企业法》第四十九条第一款规定的情形之一的，经普通合伙人同意，可以决议将其除名，合伙人另有约定的除外。

对合伙人的除名决议应当书面通知被除名人。被除名人接到除名通知之日，除名生效，被除名人退伙。根据本协议第十条的住所送达除名通知的，通知送达之日，除名生效，被除名人退伙。被除名人对除名决议有异议的，可以自接到除名通知之日起三十日内，向人民法院起诉。

第三十一条 普通合伙人退伙后，对基于其退伙前的原因发生的合伙企业债务，承担无限连带责任；退伙时，合伙企业财产少于合伙企业债务的，该退伙人应当依照本协议第六章的规定分担亏损。有限合伙人退伙后，对基于其退伙前的原因发生的有限合伙企业债务，以其退伙时从有限合伙企业中取回的财产承担责任。

第三十二条 经执行事务合伙人同意，普通合伙人可以转变为有限合伙人，或者有限合伙人可以转变为普通合伙人。

有限合伙人转变为普通合伙人的，对其作为有限合伙人期间有限合伙企业发生的债务承担无限连带责任。普通合伙人转变为有限合伙人的，对其作为普通合伙人期间合伙企业发生的债务承担无限连带责任。

第十章 争议解决办法

第三十三条 合伙人履行合伙协议发生争议的，

合伙人可以通过协商或者调解解决。不愿通过协商、调解解决或者协商、调解不成的，<mark>由北京仲裁委员会按照其届时有效实行的仲裁规则仲裁。</mark>

提示：贵方可根据实际情况选择诉讼或仲裁，并约定管辖地。

第十一章 合伙企业的解散与清算

第三十四条 合伙企业有下列情形之一的，应当解散：

提示：本条内容与《合伙企业法》不一致，为特殊设计条款。请贵方根据实际情况审慎使用。

1. 合伙期限届满，普通合伙人决定不再经营；

2. 合伙协议约定的解散事由出现；

3. 普通合伙人决定解散；

4. 合伙人已不具备法定人数满三十天；

5. 合伙协议约定的合伙目的已经实现或者无法实现；

6. 依法被吊销营业执照、责令关闭或者被撤销；

7. 法律、行政法规规定的其他原因。

第三十五条 合伙企业清算办法应当按《合伙企业法》的规定进行清算。清算期间，合伙企业存续，不得开展与清算无关的经营活动。

合伙企业财产在支付清算费用和职工工资、社会保险费用、法定补偿金以及缴纳所欠税款、清偿债务后的剩余财产,依照第十五条规定进行分配。

第三十六条 清算结束后,清算人应当编制清算报告,经合伙人签名、盖章后,在十五日内向企业登记机关报送清算报告,申请办理合伙企业注销登记。

第十二章 保密义务

第三十七条 本协议任何一方应就本协议有效期内所接触的关于目标公司以及合伙企业的商业秘密(包括但不限于专有和非专有技术、研发、商业、财务、运营等信息)严格保密,不得将任何保密信息披露或传达给除本协议签约方以外的第三人。

第十三章 违约责任

第三十八条 合伙人违反合伙协议的,应当依法承担违约责任。

第三十九条 除本协议另有规定或协议各方另有约定外,任何一方违反本协议给本合伙企业或其他协议方造成损失,均应承担相应的赔偿责任,并承担所持份额对应认缴出资额30%的违约责任。

提示:请贵方根据情况自行判断,是否调整违约责任及违约金。

附录

第十四章 其他事项

第四十条 全体合伙人同意遵守本协议并配合签署相关文件及实际履行，如办理工商变更登记时要求全体合伙人到场，则全体合伙人均应配合办理工商变更手续，不得延误。

> 提示：第四十一条属于效力衔接条款，如未签署《股权激励协议》，建议删除本条。

第四十一条 修改、补充本协议内容与本协议相冲突的，以修改、补充后的内容为准。合伙人与目标公司签署的《股权激励协议》与本协议冲突的，以《股权激励协议》内容为准。

第四十二条 本协议自全体合伙人签字、盖章之日起生效。一式肆份，报送合伙企业登记机关一份，税务部门一份，留存合伙企业一份，执行事务合伙人一份，复印件加盖合伙企业公章或扫描件分发给每方合伙人，与原件具有同等效力。

第四十三条 本协议附件与本协议具有同等效力。本协议未尽事宜，按国家有关规定执行。

附件一：《合伙人基本信息》

附件二：《合伙人出资表》

（以下无正文，为签署部分）

全体合伙人签章：

年　月　日

附录

附件一：

_____（有限合伙）

《合伙人基本信息》

序号	合伙人类型	姓名/名称	身份证号/统一社会信用代码	联系地址	联系方式
1	普通合伙人				
2	有限合伙人				
3	有限合伙人				

附件二：

_____（有限合伙）

提示：普通合伙人与有限合伙人的出资时间及溢价可能不一致，建议根据实际出资时间调整。

《合伙人出资表》

序号	合伙人名称或姓名	认缴出资/溢价出资（万元）	出资方式	认缴出资比例	实缴出资金额（万元）	实缴出资时间
1			货币			
2			货币			
合计			货币			

附录 B 有限公司《公司章程》模板

×××有限公司章程

（董事会＋监事会版本）

提示：本章程适用于设立董事会及监事会的有限责任公司。本章程所称《公司法》为2024年7月1日起生效的新《公司法》，其他新修订内容将在后续批注中提示。

中国·××

二〇二四年七月

附录

【 】有限公司章程

依据《中华人民共和国公司法》(以下简称《公司法》)及其他有关法律、行政法规的规定，由全体股东共同出资设立【 】有限公司(以下简称"公司")，经全体股东讨论，并共同制订本章程。

第一章 公司的名称和住所

第一条 公司名称：

第二条 公司住所：

第二章 公司经营范围

第三条 公司经营范围：

公司经营范围中属于法律、行政法规或者国务院决定规定在登记前须经批准的项目的，应当在申请登记前报经国家有关部门批准。

第三章 公司注册资本

第四条 公司注册资本：人民币万元。

第四章 股东名称、出资方式、出资额和出资时间

提示：由于本章程拟写时新《公司法》尚未生效，如各地的市场监督管理局在新《公司法》生效后公布的参考版本与本章程规定不一致的，建议综合考虑后调整使用。

提示：新《公司法》规定，有限公司注册资本应在设立之日起五年内缴足。已设立公司，实缴时间应当逐步调整至本法规定的期限内。故，建议公司注册资本不宜过高，避免股东面临失权的被动局面。同时提醒，实缴时应尽可能以真实的货币形式实缴，如选择债权、股权、知识产权、动产、不动产等方式实缴，则应严格按照法律规定履行完毕实缴程序。

股权心法

　　第五条 股东姓名或名称、出资方式、出资额和出资时间如下：

股东姓名或名称	持股比例	出资额	出资方式	出资时间

提示：若并非为新设公司，时间建议约定为 2024 年 7 月 1 日后第 5 年的某年月日或本公司章程变更后第 5 年的某年月日。

　　第六条 公司成立后，应向股东签发出资证明书并置备股东名册。

提示：新《公司法》对出资证明书需要记载的内容进行了补充，增加了"认缴和实缴"的出资额，以及在原有仅公司盖章的基础上增加了法定代表人签名。
建议公司在签发出资证明书时注意新修内容与要求。

　　第七条 公司成立后，股东不得抽逃出资。股东违反规定抽逃出资的，应当返还抽逃的出资；给公司造成损失的，负有责任的董事、监事、高级管理人员应当与该股东承担连带赔偿责任。

提示：此处为新《公司法》规定的董事、监事、高级管理人员的连带赔偿责任；其他如出资不实、职务行为造成他人损失、违法分配利润、违法减资，董事、监事、高级管理人员的责任为赔偿责任。

　　第八条 公司成立后，董事会应当对股东的出资情况进行核查，发现股东未按期足额缴纳本章程规定的出资的，有权以公司名义向股东发出书面催缴书，催缴出资。未及时履行前款规定的义务，给公司造成损失的，负有责任的董事应当承担赔偿责任。

提示：本条为新法规定的未实缴股东面临的法律后果，即失权制度。

　　公司在发出书面催缴书时，可以载明缴纳出资的宽限期；宽限期自公司发出催缴书之日起，不得少于六十日，如果书面催缴书未载明宽限期，视为

提示：股东失权程序上，应当经过"书面催缴""董事会决议/董事决定""通知失权"三个环节。

附录

六十日。宽限期届满后，股东仍未履行出资义务的，公司经董事会决议后向该股东发出失权通知，发出失权通知之日起，该股东丧失未缴纳出资的股权。

上述丧失的股权应当依法转让，或者相应减少注册资本并注销该股权；六个月内未转让或者注销的，由公司其他股东按照其出资比例足额缴纳相应出资。

按照本条第二款的规定失权的股东对失权有异议的，应当自接到失权通知之日起三十日内向法院提请诉讼。

第九条 公司股东依法享有以下权利：

（一）按照实缴的出资比例获得红利和其他形式的利益分配，全体股东另有约定的除外；

提示：股东之间对于分红权、表决权、优先认购权可以进行特殊约定。

（二）参加或推选代表参加股东会并按照其认缴出资比例行使表决权，全体股东另有约定的除外；

（三）了解公司经营状况和财务状况；

（四）对公司的经营进行监督，提出建议或者质询；

（五）优先购买其他股东转让的出资、按照实缴出资认缴公司新增资本，全体股东另有约定的除外；

（六）公司终止或者清算时，按其所持有的股权份额参加公司剩余财产分配；

（七）有权查阅和复制公司章程、股东名册、股东会会议记录、董事会会议决议、监事会会议决议和财务会计报告、全资子公司的前述材料；有合理理由的，有权申请查阅公司会计账簿、会计凭证、全资子公司的前述材料；有权委托会计师事务所、律师事务所等中介机构进行；

提示：涉及资金管理和使用等股东都比较关注的财务规定可以进行细化约定。
新《公司法》增加了股东有权查阅和复制公司的股东名册，有权查阅公司会计凭证的规定；同时新增了股东对全资子公司的查阅、复制权。另外，若贵方为小股东，可以在公司章程或股东协议中进一步约定大股东损害小股东知情权的违约情形和违约责任。

（八）其他法律法规规定享有的权利。

第十条 公司股东依法承担以下义务：

（一）遵守法律、行政法规、股东协议及本章程；

提示：若公司不存在股东协议，可删除。

（二）按期缴纳所认缴的出资；

（三）除法律、法规、本章程规定的情形外，不得抽逃出资；

（四）不得滥用股东权利损害公司或者其他股东的利益，不得滥用公司法人独立地位和股东有限责任损害公司债权人的利益；

（五）未经过股东会同意，不得自营或者为他人经营与公司同类营业的公司，在其他同类营业/

不同类营业的公司兼职，不得利用股东从公司获得的交易信息为他人谋取交易机会；

（六）法律、行政法规或者股东协议规定应当承担的其他义务。

公司股东滥用股东权利给公司或者其他股东造成损失的，应当依法承担赔偿责任。

第五章 公司的机构及其产生办法、职权、议事规则

第十一条 公司股东会由全体股东组成，是公司的权力机构，行使下列职权：

（一）选举和更换董事、监事，决定有关董事、监事的报酬事项；

（二）决定聘任或者解聘公司经理及其报酬事项；并根据经理的提名，聘任或解聘公司副经理、财务负责人并决定其报酬事项；

（三）审议批准董事会、经理的报告；

（四）审议批准监事会的报告；

（五）审议批准公司的利润分配方案和弥补亏损方案；

提示：本条款是对股东同业禁止、关联交易、在外兼职等行为的约束。同时，因为财务投资人可能同时投资几家公司，因此兼职行为难以限制财务投资人的投资行为，需做特别调整。

提示：经理、副经理、财务负责人的聘任和解聘原为董事会的职权，若实际控制人无法控制董事会，则可以调整为股东会职权，以提高对公司经营权的控制。

（六）对公司增加或者减少注册资本作出决议；

（七）对发行公司债券作出决议；

（八）对公司合并、分立、解散、清算或者变更公司形式作出决议；

（九）修改公司章程；

（十）对公司聘用、解聘会计师事务所作出决议；

（十一）审议批准公司融资、担保、资金借入/借出、收购、并购、资产出售（含无形资产）计划等事项；

提示：本条款并非股东会的法定职权，若考虑需要加强股东会的职权，可以增加本款。

（十二）其他法律法规规定享有的权利。

对前款所列事项股东以书面形式一致表示同意的，可以不召开股东会会议，直接做出决定，并由全体股东在决定文件上签名、盖章（自然人股东签名、法人股东加盖公章及法人章）。

第十二条 股东会会议作出修改公司章程、增加或者减少注册资本的决议，以及公司合并、分立、解散或者变更公司形式的决议，必须经代表三分之二以上表决权的股东通过；对职权内其他事项作出决议，须经代表过半数表决权的股东通过。

附录

第十三条 股东会会议分为定期会议和临时会议。定期会议每年召开一次；临时会议可以由代表十分之一以上表决权的股东、董事或监事提议召开，但应当于会议召开十五日前通知全体股东。

股东会会议由董事会召集，董事长主持；董事长不能履行或者不履行主持职责的，由半数以上董事共同推举一名董事主持。

董事会不能履行或者不履行召集股东会会议职责的，监事会应当及时召集和主持股东会会议；监事会不召集和主持的，代表十分之一以上表决权的股东可以自行召集和主持。

各方可通过电话或视频会议或其他任何同步通信手段参加股东会会议；但前提是参加会议的每一股东均能听到其他每一股东的意见。此外，每一股东必须确认其身份，包括但不限于在现场出席时向公司提供书面授权委托书、在通过电话或视频会议或其他任何同步通信手段参加时事先向公司以书面或电子邮件方式提供授权委托书，未进行确认的股东无权于会上发言或表决。

==股东会会议由股东按照认缴比例行使表决权，另有约定的除外。==

> 提示：股东之间可以通过协议约定表决权与股权比例分离。具体地说，可以赋予创始人一票否决权。此外，股东还可以签订《一致行动人协议》，将表决权集中交给某位股东负责行使。
>
> 若某股东持股比例在67%及以上，其享有绝对控股权，在这种情况下，可以增加需特殊表决的事项；若持股比例为51%~66%，则建议在特别决议事项中仅就法律强制事项进行特别决议，其他决议则放在二分之一以上同意的决议中；若持股比例为34%~50%，该股东则享有一票否决权，在这种情况下，可以增加需特殊表决的事项。

第十四条 公司设董事会，成员为【 】人，由股东会选举产生或罢免。董事每届任期三年，任期届满，连选可以连任。

董事任期届满未及时改选，或者董事在任期内辞任的，在改选出的董事就任前，原董事仍应当依照法律、行政法规和本章程的规定，履行董事职务。

董事辞任的，应当以书面形式通知公司，公司在收到通知之日起辞任生效，但存在前款规定情形的，董事应当继续履行职务。

董事会每年至少召开两次会议，由董事长主持，于会议召开十日前通知全体董事。董事由股东按所持股权比例等额提名产生，由持有过半数表决权的股东表决通过。董事会设董事长一人，董事长由全体董事过半数选举产生。

第十五条 董事会对股东会负责，行使下列职权：

（一）召集股东会会议，并向股东会报告工作；

（二）执行股东会的决议；

（三）决定公司的经营计划和投资方案；

（四）制订公司的利润分配方案和弥补亏损方案；

提示：新《公司法》规定，公司董事会成员为3人以上，删除了不得超过13人的上限规定，并且有限公司董事会成员为3人以上，其成员中可以有公司职工代表董事。如公司职工人数超过300人的有限公司，除依法设立监事会并有职工监事外，董事会成员中应当有职工代表董事。

提示：根据新《公司法》第七十条的规定，新增了董事辞任规则。

提示：如贵方有其他提名规则，可对该条进行修改。

提示：董事会权限可根据实际权力分配情况添加或删减。如本章程中将经理及副经理、财务负责人的任免权调整到股东会层面。

（五）制订公司增加或者减少注册资本，以及发行公司债券的方案；

（六）制订公司合并、分立、解散或者变更公司形式的方案；

（七）决定公司内部管理机构的设置；

（八）制订公司投资、融资、收购、并购、资产出售（含无形资产）方案；

（九）有权对股东的出资情况进行核查，包括出资不足、出资不实、虚假出资、抽逃出资等；

提示：董事会对股东出资情况的核查权利为新《公司法》新增内容，出资不足、出资不实、虚假出资、抽逃出资等均为股东未依法履行出资义务的体现。

（十）制定公司的基本管理制度。

超过股东会授权范围的事项，应当提交股东会审议。

提示：新《公司法》规定，公司章程对董事职权的限制不得对抗善意相对人。

第十六条 对前款所列事项董事会作出决议时，应当采用书面形式，并由投赞成票的董事签名后置备于公司。

第十七条 公司设监事会，监事会成员【　】人，监事会成员包括股东代表监事和职工代表监事。股东代表监事【　】人，占监事会席位三分之二，由股东会选举产生，对股东会负责，由股东按表决权比例**等额**提名，经持有过半数表决权的股东表决通过。职工代表监事【 】人，占监事会席位三分之一，职工代表由公司职工通过**职工代表大会**民主选举产生，对全体职工负责。

提示：如贵方有其他提名规则，可对该条进行修改。

提示：如贵方未设置职工代表大会，建议修改为全体职工民主选举产生。

监事任期届满未及时改选，在改选出的监事就任前，原监事仍应当依照法律、行政法规和本章程的规定，履行监事职务。

监事会会议由监事会主席召集和主持，监事会主席不能履行职务或者不履行职务时，由半数以上的监事共同推举1名监事主持监事会会议。监事会每年度至少召开1次会议。会议通知应当在会议召开十日前以传真、电子邮件、邮寄等书面方式送达全体监事。

监事可以提议召开临时监事会会议。临时会议通知应当在会议召开五日前，以专人送出、传真、电子邮件、邮寄等方式书面送达全体监事，特别紧急事项除外。

第十八条 公司监事会行使下列职权：

提示：本章程中增加了监事会职权，若贵方不掌握监事会，可删除本条项下第（七）、（八）、（九）款项。

（一）检查公司财务；

（二）对董事、高级管理人员执行公司职务的行为进行监督，对违反法律、行政法规、本章程或者股东会决议的董事、高级管理人员提出罢免的建议；

（三）当董事、高级管理人员的行为损害公司的利益时，要求董事、高级管理人员予以纠正；

（四）提议召开临时股东会会议，在董事会不履行召集和主持股东会会议职责时召集和主持股东会会议；

（五）向股东会会议提出提案；

（六）依法对董事、高级管理人员提起诉讼；

（七）认为有必要时，可对公司核心人员在离职前进行离任审计，审计无异常方可办理离职手续；

（八）对全资子公司监事履行职务的行为进行监督和指导，例如，对全资子公司董事、高级管理人员执行职务的行为进行监督，对全资子公司董事、高级管理人员损害公司利益的行为予以纠正；

（九）董事会应当在召开前____日通知监事会，监事可以列席董事会会议，董事会会议决议应当有监事代表签字后生效，报监事会备案；

（十）发现公司经营情况异常，可以进行调查。必要时，可以聘请会计师事务所等协助其工作，费用由公司承担；

（十一）行使股东会授予的其他职权。

第十九条 监事会可以对董事会的决议事项提出质询或者建议，可以要求董事、高级管理人员提交执行职务的报告；监事会有权对公司及全资子公司的董事会/董事、高管进行业务检查，发现问题的，交由公司股东会处置。

> 提示：新《公司法》完善了监事知情权相关表述。

第二十条 公司监事会行使职权所必需的费用，由公司承担。

第二十一条 公司设经理一名，由股东会决定聘任或者解聘。经理对股东会负责，并行使下列职权：

> 提示：新《公司法》删除了经理的法定职权，即，经理为非必设职位，因此公司如考虑不设立经理一职，则本条可删除。

（一）组织实施董事会的决议；

（二）主持公司的经营活动和管理工作；

（三）组织实施公司的年度经营计划和投资方案；

（四）拟订公司内部管理机构设置方案；

（五）拟订公司的具体制度；

（六）提请聘任或解聘公司副经理、财务负责人；

附录

（七）决定聘任或者解聘除应由股东会决定聘任或者解聘以外的负责管理人员及其报酬事项。

第六章 法定代表人的产生及变更办法

第二十二条 公司的法定代表人由代表公司执行公司事务的董事担任。担任法定代表人的董事，由股东会代表过半数表决权的股东决议选举和更换。公司变更法定代表人的，公司登记（备案）申请书由变更后的法定代表人签署。

第二十三条 担任法定代表人的董事辞任的，视为同时辞去法定代表人，法定代表人辞任的，公司应当在法定代表人辞任之日起三十日内确定新的法定代表人。

提示：结合前述条款，担任法定代表人的董事辞任，若公司暂未找到替代人选，则其法定代表人职位已辞任，但董事职位仍保留。对辞任的时间节点尚需进一步明确规范，建议公司在三十天内同时更换董事和法定代表人。

第二十四条 法定代表人行使下列职权：

（一）法定代表人是法定代表公司行使职权的签字人，在对内对外签字时，应配合公司印章一同使用，不得单独签署，否则法律责任由其自行承担；

（二）法定代表人在法律、行政法规以及本章程规定的职权范围内行使职权，代表公司参加民事活动，对公司的生产经营和管理负责；

提示：本条情形是法定代表人并非由实际控制人担任，否则建议删除。同时提示，新《公司法》规定，公司章程或股东会对法定代表人职权的限制，不得对抗善意第三人，法定代表人因执行职务造成他人损害的，由公司承担民事责任。

（三）公司法定代表人经股东会同意，可以单次或长期委托他人代行职权，委托他人代行职权时，应当出具《授权委托书》。法律、行政法规规定必须由法定代表人行使的职权，不得委托他人代行。

第七章 董事、监事、高级管理人员的义务

第二十五条 高级管理人员是指本公司的经理、副经理、财务负责人及董事会确定的其他高级管理人员。

第二十六条 董事、监事、高级管理人员不得有下列行为：

（一）挪用公司资金或利用关联关系进行利益输送，损害公司利益；

（二）将公司资金以其个人名义或者以其他个人名义开立账户存储；

（三）未经股东会同意，将公司资金借贷给他人或者以公司财产为他人提供担保、抵押、质押；

（四）未经股东会同意，与公司订立合同或者进行交易；

（五）未经股东会同意，利用职务便利为自己或者他人谋取属于公司的商业机会，自营或者为他

附录

人经营与所任职公司同类的业务；

（六）利用职权收受贿赂或者其他非法收入，侵占公司财产；

（七）违反公司的保密制度，擅自披露在任何时间、任何地点所获得的涉及公司的任何商业秘密，包括但不限于交易秘密、经营秘密、管理秘密、核心技术、生产秘密及重要个人信息等；

（八）违反对公司忠实义务的其他行为。

董事、监事、高级管理人员违反前款规定所得的收入应当归公司所有。

第二十七条 董事、监事、高级管理人员执行公司职务时违反法律、行政法规或者公司章程的规定，给公司造成损失的，应当承担赔偿责任。

董事、监事、高级管理人员对公司负有忠实义务，应当采取措施避免自身利益与公司利益冲突，不得利用职权牟取不正当利益。

董事、监事、高级管理人员对公司负有勤勉义务，执行职务应当为公司的最大利益尽到管理者通常应有的合理注意。

提示：根据新《公司法》的规定，如果控股股东、实际控制人不担任公司董事，但实际执行公司事务，将可能被"视同董事"而需履行董事应当履行的忠实、勤勉和合理注意义务。同时，公司的控股股东、实际控制人指使董事、高级管理人员从事损害公司或者其他股东利益行为的，与该董事、高级管理人员一起承担连带责任。该新增规定被称为中国版"影子董事"规则，旨在规范控股股东、实际控制人的行为，防止控股股东、实际控制人操纵董事、高级管理人员损害公司和小股东利益。

第八章 财务、会计、利润分配及劳动用工制度

第二十八条 公司应当依照法律、行政法规和国务院财政主管部门的规定建立本公司的财务、会计制度,并应在每个会计年度终了时制作财务会计报告,委托国家承认的会计师事务所审计并出具书面报告。

第二十九条 公司依法律规定在分配当年税后利润时,提取利润的百分之十列入公司法定公积金,法定公积金累计额为公司注册资本的百分之五十以上的,可不再提取。

公司从税后利润中提取法定公积金后,经股东会决议,可以从税后利润中提取任意公积金。

公司弥补亏损和提取公积金所余税后利润,股东按照实缴的出资比例分配,全体股东另有约定的除外。

提示:如全体股东有同股不同酬的相关约定,则可根据约定对应修改本条款。

公司的公积金用于弥补公司的亏损,扩大公司生产经营或者转为增加公司资本。公积金弥补公司亏损,应当先使用任意公积金和法定公积金;仍不能弥补的,可以按照规定使用资本公积金。

提示:新《公司法》规定可以用资本公积金弥补亏损。

第三十条 公司聘用、解聘承办公司审计业务的

会计师事务所由股东会决定。

第三十一条　劳动用工制度按国家法律、法规及国务院劳动部门的有关规定执行。

第九章　公司的解散事由与清算办法

第三十二条　公司的营业期限为【　】年，从公司营业执照签发之日起计算。

第三十三条　公司有下列情形之一的，可以解散：

（一）公司营业期限届满；

（二）股东会决议解散；

（三）因公司合并或者分立需要解散；

（四）依法被吊销营业执照、责令关闭或者被撤销；

（五）人民法院依照《公司法》第二百三十一条的规定予以解散。

公司出现前款规定的解散事由，应当在十日内将解散事由通过国家企业信用信息公示系统予以公示。

第三十四条 公司有本章程第三十三条第（一）项、第（二）项情形，且尚未向股东分配财产的，可以通过修改公司章程或者经股东会决议而存续。

依照前款规定修改公司章程或者经股东会决议，须经持有三分之二以上表决权的股东通过。

第三十五条 公司因本章程第三十三条第（一）项、第（二）项、第（四）项、第（五）项规定解散时，应当清算。

董事为公司清算义务人，应当在解散事由出现起十五日内成立清算组对公司进行清算。清算组应当自成立之日起十日内将清算组成员、清算组负责人名单通过国家企业信用信息公示系统公告、通知债权人，并于六十日内依法发布债权人公告。清算结束后，清算组应当制作清算报告，报股东会或者人民法院确认，并报送公司登记机关，申请注销公司登记，由公司登记机关公告公司终止。

公司财产在分别支付清算费用、职工工资、社会保险费用和法定补偿金，缴纳所欠税款，清偿公司债务后的剩余财产，按照股东的出资比例分配，全体股东另有约定的除外。

清算期间，公司存续，但不得开展与清算无关

> 提示：新《公司法》将原《公司法》列股东为有限责任公司的清算组成人员，并承担相应责任修改为董事作为清算义务人。

的经营活动。公司财产在未依照前款规定清偿前，不得分配给股东。

第三十六条 清算组由董事组成，但是股东会决议另选他人的除外。

第三十七条 公司在存续期间未产生债务，或者已清偿全部债务的，经全体股东承诺，可以按照规定通过简易程序注销公司登记。

第十章 股权转让

第三十八条 股东之间可以相互转让其全部或者部分股权。

股东向股东以外的人转让股权，应当将股权转让的数量、价格、支付方式和期限等事项书面通知其他股东，其他股东在同等条件下有优先购买权。其他股东自接到书面通知之日起满三十日未答复的，视为放弃优先购买权。两个以上股东行使优先购买权的协商确定各自的购买比例；协商不成的，按照转让时各自的实缴出资比例行使优先购买权。

第三十九条 股东转让股权的，应当书面通知公司，请求变更股东名册；公司收到通知后应当及时变更股东名册。

提示：简易注销程序存在一定的潜在风险，对于公司来说，如存在简易注销登记程序不适用情形，公司登记机关可以依法做出撤销注销登记等处理，在恢复公司主体资格的同时将公司列入严重违法失信名单，影响公司信用记录；对于股东来说，公司未经清算就办理简易注销登记的，股东签署的《全体投资人承诺书》明确对所承诺事项的真实性承担责任，存在责任倒追风险。

提示：新《公司法》规定，股东向股东以外的人转让股权时，只需履行对其他股东的通知义务，并对其他股东行使优先购买权做出三十日的期限限制，对逾期未予答复的股东视为放弃优先购买权，这不仅有利于督促其他股东及时行使权利，而且有利于股权转让继续进行。

提示：可以修改为按照认缴出资比例行使优先购买权。

第十一章 股东会认为需要规定的其他事项

第四十条 本章程中的各项条款与法律、法规、规章不符的,以法律、法规、规章的规定为准。

第四十一条 公司登记事项以公司登记机关核定的为准。公司根据需要修改公司章程而未涉及变更登记事项的,公司应将修改后的公司章程送公司登记机关备案;涉及变更登记事项的,同时应向公司登记机关做变更登记。

第四十二条 本章程一式贰份,公司留存一份,并报公司登记机关备案一份。

(以下无正文,为签章部分)

股东签章:

法定代表人签名:

签署时间: 年 月 日

附录

附录 C 新《公司法》调整十二大核心点

新《公司法》于 2024 年 7 月 1 日正式施行,自该消息公布后,笔者的很多学员微信或电话联系笔者,要求介绍一下核心点。

新《公司法》的公布对企业家的影响是最直接的,我们要知道它更改了哪些条款?怎么改的?对我们有利还是不利?哪些条款对大股东有利?哪些条款对小股东有利?大家作为不同的股东、不同的参与方,应该如何应对?

下面针对企业家最关心的且与他们的利益紧密相关的新《公司法》内容进行了十二条核心解读。

解读一:法定代表人的变更与责任。

首先,我们探讨关于法定代表人由谁来当的问题,通常不建议老板担任法定代表人,根据修订前的《公司法》规定,法定代表人由董事长、执行董事或经理(即总经理)担任。有老板问,如果他不想担任董事长或总经理,怎么办?或是想选择其他人做法定代表人,但又不想赋予其董事长或总经理职务,该怎么解决?对此,新修订的《公司法》已经明确规定,法定代表人可以由代表公司执行公司事务的董事或经理担任,并非一定是董事长。这为公司日后选择谁来担任法定代表人提供了更大的灵活性。

例如,假设一家有限公司有三个董事,董事长可以不担任法定代表人,而是选择其中一位董事来担任,让他代表公司执行公司事务。

接下来,我们讨论关于法定代表人承担的责任。新《公司法》

第十一条明确规定，法定代表人因执行职务造成他人损害的，应由公司承担民事责任。换言之，只要法定代表人在其法定职责、《公司法》和《公司章程》规定范围内行事，产生的民事责任应由公司承担。注意，此处说的只是"民事责任"，通常指民事赔偿，如果涉及强制措施，如公司因欠款被列入失信被执行人名单、法定代表人被限制高消费等，这就需由法定代表人自己担责。然而，如果法定代表人存在过错，即使在其职权范围内，也需承担追偿责任（公司有权依照法律或《公司章程》规定追责）。

关于法定代表人变更的问题，很多企业家抱怨说公司的法定代表人不参与公司管理，让他来签字又不配合，甚至把公司的公章都拿走了。当大股东到工商行政管理部门去做工商变更时，法定代表人说公章丢失，大股东只能跑到公安局挂失公章，刚搞定公章问题，工商行政管理部门又说要法定代表人到场签字才能变更。大股东想把法定代表人换掉，结果工商行政管理部门说必须由原法定代表人配合签字或配合人脸识别，若原法定代表人不配合，那么这件事情就很难办。最后到法院打官司走诉讼，官司打赢了，公司也被拖垮了。

值得欣慰的是，我们的法律界和立法机关已经注意到了上述问题，并在新修订的《公司法》中明确了解决方案。在变更法定代表人时，只需要变更后的法定代表人签署相关文件即可，不再需要原法定代表人配合。

解读二：滥用股东支配地位——连带责任＋举证倒置。

关于滥用股东支配地位的问题，是不少企业家和投资人关注的焦点。什么叫作滥用股东支配地位？在新《公司法》第二十三条中，滥用股东支配地位被明确定义为利用公司法人独立地位和股东有限责任，逃避债务，严重损害公司和债权人利益的行为。

举个例子，假设笔者拥有并实际控制两家公司，即 A 公司和 B 公司，于是利用自己是大股东和实际控制人的权利，把 A 公司的钱借给 B 公司使用，结果把 A 公司的利益输送走了，导致 A 公司亏损，这就叫滥用股东支配地位。

滥用股东支配地位会出现什么后果呢？会穿透，行为股东需要对公司债务承担连带责任。另外，还有一点很重要，即对于一人公司的定义，原来是指一个自然人持有一家公司 100% 的股权，原《公司法》推定他承担连带责任，这时候拥有 100% 股权的股东要举证责任倒置，主动证明自己的个人资产和公司财产相互独立，这叫自证清白。所以，不建议企业家成立一人公司，有潜在的法律风险。然而新《公司法》又增加了一人公司的认定情形，即，当一家公司控制另外一家公司 100% 的股权，也就是我们通常所说的全资子公司时，这家全资子公司将被视为一人公司。也就是说，如果一家公司存在全资子公司的控制结构，则需承担证明两家公司财产相互独立的责任，也就是举证责任倒置，母公司需要自证其与子公司的财务独立性，这在实际操作中的难度很大。

如何避免举证责任倒置呢？答案是增加一个股东。今后，母公司对子公司持股时，不必追求完全持有 100% 的股权。比如，可以预留部分股权（如 10%）成立有限合伙企业作为员工持股平台，或者找其他合伙人或自然人作为股东。常见的做法是，母公司持有子公司 95% 或 90% 的股权，这样既保住了控制力，又避免了全资子公司的法律风险。

有人问:"宋老师,我是小股东,如果出现了大股东或实际控制人滥用股东支配地位,怎么办?"针对此类行为,在新修订的《公司法》中明确规定,当小股东认为大股东或实际控制人的行为损害了公司利益时,他们有权请求公司以合理的价格回购其股权。

解读三:可利用电子通信方式召开股东会、董事会和监事会。

新《公司法》增加了电子通信方式可作为公司决议的合法形式。在新《公司法》修订前,公司若要召开"三会",大家都要到场签字,并签纸质版文件。也有很多人问笔者:"宋老师,我们召开'三会'时,如果只开一个视频会议或电话会来作出决议,最后让大家通过电子邮件确认后发到微信群里,在微信群确认,是否合法呢?"以前法律上的认定是模糊的,对于争议特别大的案情,法官还是更倾向于纸质文件的书面证据。新《公司法》明确规定了这种电子通信方式的合法性,为公司运营提供了更多的便捷性。

在此建议,如果采用电子通信方式,最好提前在公司的股东协议或内部决议中固定方式,并录入通讯录记载。比如,宋俊生股东,其指定通信邮箱为×××@sina.com,指定微信号为×××,指定送达地址为北京市×××。如果日后需要通过快递、电子邮件或微信等方式进行信息传送,均依据该通讯录中登记的信息来完成,并视为接收方已有效接收。如果股东或相关人员的通信方式发生变更,应自变更之日起五日内向公司提交书面备案,以确保通信的及时性和准确性。

附录

解读四：注册资本实缴期限及加速到期。

新《公司法》规定，有限公司自成立之日起五年内必须完成注册资本的实缴，而股份公司则在其设立前就要完成实缴，这一规定无疑给企业家带来了紧迫感。怎么办呢？

首先，不要过于慌张，规定是五年内完成实缴，不是现在，你可以在第五年的最后一天完成实缴，这不会影响到企业的正常运营。

其次，其实更值得关注的是"加速到期"条款。什么叫加速到期？新《公司法》明确规定，如果公司存在到期债务无法偿还的情况，那么公司或已到期债权的债权人有权要求认缴出资但未届出资期限的股东提前缴纳出资，也就是注册资本加速到期。这意味着，即使公司的注册资本原定于五年期满前实缴，但在公司债务到期无法偿还的情况下，公司或者债权人可以要求股东立即实缴注册资本以偿还债务。这一条款对企业家而言，无疑增加了经营压力和不确定性。

因此，企业家在运营公司的过程中，应充分考虑这一风险，并合理规划公司的资金运作和债务管理。

在涉及董事、监事注册资本实缴的催告义务与责任承担方面，担任公司董事或监事的人员应格外谨慎。如果同时担任了其他公司的名义董事或监事（即挂名），并且在该公司注册资本到期股东未实缴时未履行催告义务，将需要承担相应的法律责任。这种情况可能导致个人不仅未能获得预期报酬，还会因公司债务问题而牵涉其中。因此，注册资本的实缴问题对于公司和个人均具有重大影响。

那么怎么解决呢？很多人以为可以通过减资来完成。减资有三个要注意的点，第一是税费，第二是要签订相应的承诺书，第三是公告债权人。

就注册资本实缴的解决方案，除减资外，还可以考虑将长期未使用的公司注销。不过实缴注册资本是更稳妥的做法。

解读五：股权和债权可以作为出资方式。

实缴注册资本的方式主要有四种：货币出资、无形资产出资、实物资产出资，以及股权或债权出资。新修订的《公司法》已明确将股权和债权纳入出资方式，这为企业提供了更多的灵活性。

具体而言，货币出资是最直接的方式，即直接以现金形式投入注册资本。无形资产出资则包括著作权（主要指计算机软件著作权）、专利、商标等，这些资产可以通过评估后作为注册资本的一部分。实物资产出资则涉及土地使用权、厂房、设备等，同样需要经过评估并计入注册资本。股权或债权出资是新《公司法》增加的，它允许企业或个人将其持有的其他公司股权或债权作为出资方式。该规定不仅有助于优化资源配置，而且有助于促进公司之间的合作与发展。

在注册资本实缴的四种方法中，我们可将其归为两大类：货币出资与非货币出资。货币出资即以现金形式进行出资。至于非货币出资，则涵盖了如专利、商标等无形资产。以商标为例，若企业选择以其作为注册资本的一部分，那么这一非货币形式的出资必须经过严格的评估程序。为确保出资的合法性和准确性，企业应委托第三方评估机构对无形资产进行专业评估，出具评估报告。值得注意的是，若企业未能对无形资产进行有效评估，其出资可能被视为存在瑕疵，从而引发法律纠纷或影响企业的正常运营。因此，企业在选择非货币方式出资时，务必重视评估环节，确保出资的合规性。

在探讨公司的登记方式时，我们不得不提及现代信息检索工具，如全国企业信用信息公示系统等。这些工具能够有效地展示公司的多项关键信息，包括注册资本的实缴与认缴情况。这种透明度不仅能够反映公司的实际出资状况，还能有效地防止夸大其词的"吹牛"行为。

解读六：股东名册的重要性。

新《公司法》规定，出资证明书要有实缴出资额和认缴出资额，并且有公司盖章＋法定代表人签字，这些都将通过企业信用信息公示系统对公众展示。股东名册作为《公司法》规定的必要文件，明确记载了股东的身份和出资情况。即使存在股权代持等特殊情况，只要股东名册中有记载，实际出资股东依然有权依据股东名册主张其股东权利。

针对某些对股东名册存在误解的观点，如"只有股份公司才有股东名册，有限公司没有股东名册"，其实新旧《公司法》都明确规定了，有限公司也应当配备股东名册，以确保股东权益的明确和保护。

在讨论显名股和隐名股的概念时，确实存在某些隐名股东无法在工商登记中被明确记载的情形，但这并不意味着隐名股东的股权不受法律保护。尽管不能在工商登记中体现，但是这些股权仍然可以在公司的股东名册中登记确认。股东名册是《公司法》认可的一种用于确认股东权利的方式。

解读七：股东失权制度。

新《公司法》中的股东失权制度是企业家们需要高度关注的新规定。简单地说，失权制度是针对那些未按期履行出资义务的股东而设立的。下面以宋老师和老王共同设立的一家公司为例进行说明，公司注册资本为1000万元，宋老师持有60%并已实缴，老王持有40%，但认缴期限是2025年8月1日。如果在该日期到期时未能履行出资义务，那么根据失权制度，老王将面临失去该部分股权的风险。

因此，企业家应当高度重视失权制度，确保按期履行出资义务，以免丧失股权和利益。

再进一步说，假设经过宋老师和老王多年共同努力，在2024年年底，公司积累了1000万元的未分配利润，而且老王在这1000万元里的贡献是最大的，宋老师只是财务投资。在1000万元的未分配利润里，由于老王尚未实缴出资，所以无权分配。若老王要想获得分红，就必须修改公司章程。这是第一点。第二点是与新《公司法》相关的，到了2025年8月1日，若老王未能实缴400万元，公司有权在到期日后向股东发送催缴通知书，明确宽限期不少于60日，要求其在规定时间内完成出资。若股东在宽限期后仍未履行出资义务，那么公司有权向其发送失权通知书，宣告其丧失相应的股权。

在发送失权通知书后，老王将不再享有公司 40% 的股权。对于这部分股权的处置，公司可以选择将其转让给其他股东或第三方，或者在符合法定程序的情况下进行减资操作，将注册资本减少至对应金额，并向工商行政管理部门申请注销老王的股权登记。这些规定为企业提供了处理未实缴出资股东的有效机制。所以股权处理的第一种方式是减资。

股权处理的第二种方式是股权转让。当涉及股权转让时，如果无法成功转让给第三方，并且其他股东也无意自行购买或进行减资操作，在六个月内未达成转让或减资的情况下，其他股东将按照各自的出资比例承担未实缴部分的资本补足责任。这意味着，若某股东需承担 400 万元的出资责任，但未能如期完成转让或减资，则其他股东需按照其出资比例承担相应的补足义务。因此，在失权通知发出后的六个月内，公司及股东应尽快决定是转让股权还是进行减资，以避免其他股东承担额外的补足责任。

解读八：查账权扩大。

查账权是保护小股东利益的关键措施之一。根据《公司法》规定，股东享有查账权，即有权查阅公司的会计账簿和其他相关财务资料。然而，在实际操作中，股东行使查账权往往面临诸多困难。

当股东向公司提出查账申请时，公司可能以"查账行为可能侵犯公司利益或泄露公司秘密"为由拒绝。此时，股东只能寻求司法救济，向法院提起诉讼要求查账。即便诉讼成功，法院通常仅允许股东按照《公司法》规定查询会计账簿。然而，会计账簿非原始凭证，无法准确判断其真实性，也无法全面反映公司的真实财务状况。

因此，为了更有效地保护小股东的利益，建议公司在制定公司章程或相关协议时，明确股东查账权的行使方式和范围，确保股东能够充分了解公司的财务状况和经营情况。同时，法院在审理涉及查账权（即股东知情权之诉）的案件时，也应充分考虑股东的利益和权利，采取更加灵活有效的措施，确保股东能够充分行使查账权。

在新《公司法》中，一个显著的改进是加强了对小股东权益的保护。具体地说，新《公司法》明确规定，小股东有合理理由、经书面申请后有权查询会计账簿和会计凭证的权利。这一改进旨在提升公司的透明度，防止大股东或管理层滥用权利，从而更加有效地保护了小股东的利益。同时，这也要求公司必须保证会计账簿和会计凭证的真实性和准确性，杜绝"多套账"等不合规的会计行为。根据新《公司法》的规定，股东在行使查账权时，有权委托律师和会计师作为第三方机构进行查账。这是法律赋予股东的一项权益，同时也对企业管理层提出了更高的要求：公司是否能够经得住会计师事务所和律师事务所的双重严格审查？

在双重审查下，若公司管理存在不规范或违法的行为，则试图利用法律的漏洞来逃避监管将变得越来越困难，因为法律制度的不断完善正在逐步填补这些漏洞。许多企业面临的问题是，立法者在制定法律时可能未能考虑到所有的现实情况，或者有意留下一些空间供企业操作。然而，这种空间正在被逐步压缩。

对于已经成立多年且存在历史遗留问题的企业，虽然改变过去可能会有较大的成本和困难，但企业仍应努力寻求解决方案。例如，可以通过与律师和会计师合作，对历史沿革及现有问题进行梳理和整改，逐步消除潜在的法律风险。同时，企业也应注重制度建设，完善内部管理流程，防止类似的问题再次发生。

通常建议企业采取合理的股权架构，避免小股东直接以自然人身份持股，而是将其纳入有限合伙等持股平台中。此举旨在通过技术手段隔离小股东与企业之间的直接联系，同时确保小股东的查账权得以保障。若企业决定调整股权结构，则需妥善处理小股东的顾虑。

除了有限合伙，企业还可以考虑让小股东成立家族企业，持有平台企业的股权。这样的股权架构同样可以保护小股东的权益，并为企业带来一定的缴税优势。然而，在实施过程中，企业需确保遵守相关法律法规，避免触及法律红线。

总之，企业应根据实际情况选择合适的股权架构，确保合规经营并保护股东权益。在调整股权结构时，需要充分考虑小股东的利益和顾虑，并妥善沟通。

关于股东的查账权，新《公司法》明确规定了股东可以查阅的内容，包括股东名册、会计凭证和会计账簿等。这些权利旨在确保股东能够充分了解公司的财务状况和经营情况，保护其合法权益。因此，作为股东，应充分了解并行使自己的查账权，确保公司的透明度和公正性。

解读九：董事辞职与董事会。

第一，关于董事辞职和法定代表人变更的问题，很多企业家常向笔者咨询："如果我作为外部董事或挂名董事，已经认识到董事可能面临的风险了，现在希望辞去董事职务，如何操作？"我们知道，在实际操作中，董事的辞职过程并不简单。此外，笔者也经常被问及关于挂名法定代表人辞职的难题。例如，某些学员因合伙或职务需要，担任了公司的法定代表人，但随着公司运营风险的增加，他们希望辞去这一职务以规避潜在的法律风险。然而，法定代表人的辞职往往伴随着一系列复杂的程序和可能的风险，如难以找到合适的接班人等。

新《公司法》对此提供了明确的解决办法。董事辞职必须以书面形式通知公司，声明具体的辞职生效日期，如"自 2025 年 1 月 1 日起不再担任董事"。这种通知是辞职的正式方式，无须请求或协商。一旦公司收到该书面通知，辞职即生效。

第二，提交辞任通知的方式多样，可通过快递寄送或当面交付，并建议同时录制视频以作为证据。在辞任通知中，担任法定代表人的董事应明确表明其辞任董事职务的同时，也视为辞去法定代表人的职务。这意味着，无须找到新的法定代表人接任，只需按法定程序发出辞任通知即可。

然而，需要注意的是，董事或法定代表人的辞任仅对辞任后的事项产生免责效果。对于辞任前公司产生的风险，辞任者仍需承担相应的法律责任。例如，若在担任公司法定代表人期间，公司涉及行贿或财务造假等违法行为，相关责任人仍需承担法律责任。因此，在决定辞任前，应充分评估个人可能面临的法律风险，并采取相应的措施加以防范。

第三，关于无正当理由解聘任期内的董事问题。根据公司治理原则，每位董事均享有特定的聘期，通常为三年。如果某位董事在2025年1月1日至2028年1月1日的聘期内，于2026年因公司被收购或其他股东意图变更管理层而被罢免董事席位，那么此行为虽合法，但必须有正当理由。

若无正当理由解聘任期内的董事，该董事有权要求公司给予相应的赔偿。赔偿金额应基于事先的约定或协商确定，这就是所谓的"金色降落伞"条款的应用。笔者之前在授课中分析"宝万之争"案时，曾详细阐述过此条款的重要性，并在协助多家公司修改公司章程时加入了该条款。

"金色降落伞"条款怎么写呢？具体而言，此条款可规定董事的薪酬及补偿机制。例如，可以明确董事作为公司管理层的成员，有权获得相应的劳务费用或酬劳。假设某位董事的年度劳务费用为人民币10万元，这是合理的。在此基础上，"金色降落伞"条款可进一步细化，规定在董事任期内（如三年），若公司无正当理由解除董事职务，则需支付董事剩余任期报酬的若干倍作为补偿。以每年20万元报酬为例，若公司在董事任期内无故解除董事职务（剩余两年任期），则需支付其10倍×2的报酬，即人民币400万元作为补偿。这一规定旨在确保董事的权益得到合理保障，同时也在一定程度上约束了公司轻易解除董事职务的行为。

此外，关于董事会的运作，我们强调其应遵循规范的决策程序。董事会会议应遵循一人一票的原则，确保每位董事的投票权得到平等尊重。若公司设有三名董事，则每项决议需获得至少两票赞成方可通过。董事会会议的召开应严谨、规范，确保各项决策符合公司利益和法律要求。

依据《公司法》规定，董事会实行一人一票的决策机制，董事长并无额外投票特权。对于董事会会议的有效性，需满足过半数董事出席的要求。以公司有三名董事为例，至少需要两名董事出席，会议方可有效进行。同理，五名董事需要至少有三名出席，七名董事则需要至少有四名出席。若出席人数不足，则会议无法召开，这是董事会会议的基本程序要求。

至于董事会的表决机制，具体采用三分之二多数表决还是二分之一多数表决，需要依据公司章程或董事会议事规则的规定。然而，原《公司法》在此方面并未给出明确指导，导致许多公司未制定详细的董事会议事规则，而是直接采用公司章程范本。为确保公司运营的规范性和决策的有效性，公司应当制定明确的董事会议事规则，其中应包括表决机制的具体规定。

董事会决议的通过需满足全体董事过半数的表决要求。这里的"过半数"指的是公司全体董事的过半数，而非仅指出席会议的董事过半数。例如，若公司董事会共有七个席位，即便在会议中仅有四名董事出席（其余三名董事因故未出席），决议的通过仍需获得全体董事中至少四名董事的赞成票。若仅有三名出席的董事赞成某决议，即便赞成票数已达到出席董事的过半数，但由于未满足全体董事过半数的要求，该决议仍不能通过。这是因为，《公司法》的相关规定要求的是全体董事的过半数，而非仅仅是出席会议的董事过半数。

这一规定体现了《公司法》的严谨性和对董事决策过程的严格要求，旨在确保公司决策能够充分反映全体董事的意见，并保障公司的稳定发展。因此，在召开董事会时，公司应确保全体董事的充分参与和表达意见的权利，以确保决议的合法性和有效性。

解读十：监事与监事会非必要设立。

关于新《公司法》是否允许公司不设监事或监事会，在此解释一下。首先，需要明确的是，新《公司法》并未取消监事或监事会，而是对规模较小、股东人数较少的公司做出了特别规定。在这些特定情况下，经全体股东一致同意，公司可以选择不设监事或监事会。

这一规定的立法背景在于解决小型公司在设立和运营过程中面临的人力资源不足问题。在创新创业的背景下，许多初创公司或小型公司可能面临人员配置上的困难。因此，允许其根据实际需要和全体股东的意愿，选择是否设立监事或监事会，这既符合《公司法》的立法精神，也体现了对小型公司实际需求的关注。

然而，需要强调的是，这一规定并不适用于所有公司。对于规模较大、股东人数较多的公司而言，监事或监事会的设立仍然是必要的，以确保公司运营的规范性和透明性，维护公司和股东的利益。

此外，监事在公司治理中扮演着重要的角色。第一，拥有查账等职权，能够对公司运营情况进行有效监督。因此，在设立监事或监事会时，公司应充分考虑其实际需求和运营状况，确保监事或监事会能够充分发挥其监督作用。第二，监事依法享有弹劾董事并提出罢免建议的职权，这包括针对董事、经理等高级管理人员职位的罢免建议权，以及召集股东会的权利。

在新修订的《公司法》中，为监事新增了一项重要权利，即监事会可以要求董事、高级管理人员提交其执行职务的详细报告。这一要求旨在确保监事能够全面了解董事及高级管理人员的工作内容、成果及履职情况，进而更有效地履行其监督职责。通过这种方式，监事的角色不再仅仅是象征性的，而是能够切实参与到公司治理过程中，确保公司的规范运作。这是《公司法》改革中的一项重要举措，旨在解决公司治理中的实际问题，提升公司治理的效率和透明度。

总之，新《公司法》关于监事或监事会设立的规定，旨在满足不同规模、不同股东人数的公司的实际需求，促进公司治理的规范化、合理化。

解读十一：认缴出资时的股权转让责任。

关于股权转让的瑕疵问题，常有学员咨询：假设你持有某公司40%的股权，对应的注册资本为400万元，并且该部分认缴出资尚未到期。当你将这部分股权转让给老王时，这400万元认缴出资的后续责任将随股权一并转移给老王吗？具体而言，老王将承担自股权转让之日起至原定认缴期限内这400万元注册资本的实缴义务。如果老王在约定期限内未能履行实缴义务，那么在特定情况下，

附录

你作为原股东是否需要承担补充责任？答案是肯定的。

因此，在进行股权转让时，受让方老王应明确了解所受让股权的出资状况，包括是认缴状态还是实缴状态。同时，转让方也需要了解并评估潜在的补充责任风险。

解读十二：简易注销程序。

新《公司法》中的简易注销程序确实为投资人在设立和运营家族公司、平台公司、主体公司等多元化公司结构时提供了很多便利。然而，在享受这些便利的同时，企业家也需要充分了解并遵守相关法律规定，确保公司合规运营。

鉴于公司注册与注销流程的复杂性，尤其注销程序更烦琐和困难。针对此问题，下面给出几点建议。

首先，对于那些长时间不经营的公司，建议及时注销。以往，一些企业家因开展不同项目而注册了多家公司，但在项目结束后往往忽视了公司的后续处理，从而导致公司因经营异常而被吊销营业执照。作为被吊销公司的法定代表人或股东，将面临极高的风险。

关于注销程序，应明确吊销与注销的概念。吊销是行政机关对公司的一种处罚措施，注销则是公司主动申请终止经营活动的行为。注销流程包括税务注销、工商注销、银行账户注销，以及印章销毁等一系列步骤。尽管市场上有中介机构提供代办服务，但企业家仍需谨慎选择，并确保所有税务和财务问题已得到妥善处理，防止后续出现税务未注销等风险。

近年来，简易注销程序为公司注销提供了很多便利。然而，简易注销并非无条件适用。该程序要求公司在存续期间未产生债务或已清偿全部债务，并经全体股东承诺承担连带责任。这意味着，若公司在注销时被发现仍有未清偿的债务，那么股东将承担连带责任。因此，在申请简易注销时，务必确保公司无债务或已清偿所有债务。

所以，这也提醒我们企业家，对于需要承担连带责任的法律文件的签署应谨慎。笔者曾处理的一个关于公司减资的案例中需要股东签字的情况，也同样如此。该公司原注册资本高达3000万元，因担忧过高的注册资本可能带来的加速到期风险及承担高额责任的压力，公司决定减资至500万元。减资本身并无不可，但当他们向工商行政管理部门提交减资申请时，工商行政管理部门出于对公司可能利用减资逃避债务的担忧，要求全体股东签署一份承担连带责任的承诺文件。这份文件很可能因各股东匆忙或未经充分理解就签署了。一旦签署，若公司在减资后无法清偿债务，债权人将有权起诉股东并要求其承担连带责任。

在此，建议企业家们在签署任何文件前务必仔细审阅，避免不必要的法律风险。特别是涉及公司重大事项的变更，如减资、增资、股权转让等，更应审慎对待。

至此，新《公司法》的常用要点已解读完毕，希望以上内容能为企业家在经营公司的过程中提供一些有益的参考。